LOS MUNDOS MÁGICOS DE
EL SEÑOR DE LOS ANILLOS

DAVID COLBERT

LOS MUNDOS MÁGICOS DE
EL SEÑOR DE
LOS ANILLOS

MITOS, LEYENDAS Y DATOS FASCINANTES

Traducción de Jordi Vidal

EDICIONES B
GRUPO ZETA

Barcelona • Bogotá • Buenos Aires • Caracas • Madrid • México D. F.
Montevideo • Quito • Santiago de Chile

Título original: *The Magical Worlds of The Lord of the Rings*

Traducción: Jordi Vidal

1.ª edición: octubre, 2003

Este libro no ha sido autorizado, ni preparado, aprobado,
licenciado o ratificado por los Herederos de J.R.R. Tolkien,
New Line Cinema o Warner Bros., ni por cualquier otro individuo
o entidad que tengan relación con el libro *El Señor de los Anillos*
o con la película basada en él.
El Señor de los Anillos es una marca registrada de Sul Zaentz Company
comercializado como Tolkien Enterprises.

© 2002, David Colbert
© 2003, Ediciones B, S.A.,
   en español para todo el mundo
   Bailén, 84 - 08009 Barcelona (España)
   www.edicionesb.com

Impreso en Argentina - Printed in Argentine
ISBN: 84-666-1523-7

Depósito legal: Depositado de acuerdo a la Ley 11.723

Supervisión de Producción: Carolina Di Bella
Impreso por Printing Books, Mario Bravo 837,
Avellaneda, Buenos Aires, en el mes de julio de 2004.

Para Brenda Knight *Witch Bree Galadriel*, porque suya fue la idea, y para mis editoras Kim Waltemyer y Manda Li, por hacerla posible.

Introducción

Cuando en diciembre de 2001 se estrenó la película *El Señor de los Anillos: La Comunidad del Anillo,* ocurrió un hecho curioso. Mientras se rodaban las tres películas de *El Señor de los Anillos* («*ESDLA*» en lo sucesivo), los admiradores de Tolkien temían que no estuvieran a la altura de los libros. Afirmaban que, para narrar la historia en sólo unas horas, se tendrían que eliminar personajes y escenas importantes. Se omitirían grandes ideas. Las películas sólo gustarían a la gente que no había leído los libros.

Pero cuando se estrenó *La Comunidad del Anillo,* los que más aplaudieron en los cines fueron los admiradores de toda la vida. Además de disfrutar de las emociones de una gran película captaron muchos de los significados más profundos del relato. Al saberse la historia de memoria, llenaron los huecos con su imaginación.

Los significados más profundos no eran evidentes para los recién llegados al universo de Tolkien. Aunque sin duda la película les gustó, muchos se preguntaron por qué los fieles seguidores de Tolkien la alababan tanto. No veían razón alguna para los encendidos debates por los que son famosos los lectores de Tolkien.

Su incomprensión es fácil de entender. Una simulación por ordenador de una montaña puede proporcionar a un relato un magnífico escenario, pero no puede explicar grandes ideas como la inmortalidad o el destino. No puede revelar cómo Tolkien rescata nombres de lenguas olvidadas o personajes de leyendas antiguas.

Incluso los lectores más apasionados de *ESDLA* tienen dificultad con esas cuestiones, porque Tolkien se inspiró en toda clase de extrañas fuentes. Por ejemplo, una sola palabra de anglosajón —una lengua que hace siglos que desapareció como tal— le inspiró para escribir un extenso relato sobre los primeros tiempos de la Tierra Media. (La palabra y su significado se explican en la página 161.) También extrajo inspiración de leyendas contadas en lugares remotos, como los campos de Finlandia. Y consagró mucho tiempo a establecer conexiones entre los lenguajes inventados que se hablan en *ESDLA*.

Tolkien tenía un ambicioso objetivo cuando rebuscó entre esas palabras y leyendas antiguas: esperaba descubrir los acontecimientos reales que provocaron su creación. Creía que hurgando lo suficiente, podría desenterrar toda una mitología que rivalizaría con las de civilizaciones antiguas como Grecia y Roma.

Eso es mucho para que el lector pueda asimilarlo. Sin embargo, con la guía adecuada, es posible comprender fácilmente los muchos detalles singulares de *ESDLA*. Ésa es la misión de este libro, escrito tanto para quienes conocen la historia como para quienes sólo han visto las películas. No presupone que poseas amplios conocimientos sobre el mundo de Tolkien, pero te conduce a lo más profundo de él para contarte las historias ocultas tras los relatos. En él se encuentran ideas propias de Tolkien. Algunas se reflejan en las cartas a amigos o editores, pero la mayoría eran explicaciones dirigidas a los lectores, quienes empezaron a escribir a Tolkien para hacerle preguntas a las pocas semanas de la publicación de *El Hobbit* en 1937. Por aquel entonces nadie habría presagiado el asombroso éxito que Tolkien tendría en todo el mundo. Pero incluso aquellos primeros admiradores, al elegir casualmente un desconocido libro infantil, presintieron que la historia sería todavía más fascinante si lograban averiguar algo sobre el autor y sus ideas. Comprobarás que tenían razón.

Nota: Para quienes no hayan terminado de leer *ESDLA*, o para los que deseen ver las películas, he hecho todo lo posible por evitar *spoilers* (comentarios que revelan las grandes sorpresas del argumento). Eso sí, al final de este libro aparece un *spoiler* sobre el desenlace de *ESDLA*. ¡Quien avisa no es traidor! *D. C.*

El Silmarillion, El Hobbit y *El Señor de los Anillos* han sido publicados en castellano por Ediciones Minotauro. Las referencias de páginas para *ESDLA* corresponden a la edición en un solo volumen de 1993.

¿Cómo se juega a los acertijos?

Un héroe debe ser listo. En el capítulo 5 de *El Hobbit* (recordado en el prólogo de *ESDLA*), Bilbo se ve obligado a medir su ingenio con Gollum. La competición es un duelo de acertijos. Está en juego la vida de Bilbo.

Cuando Tolkien escribió ese capítulo por primera vez, tan sólo se divertía con un juego que conoció cuando estudiaba inglés antiguo. Los mismos libros que contienen literatura seria, como los poemas que Tolkien estudió y enseñó en la universidad, incluyen muchos acertijos. Los eruditos que escribieron esas viejas obras consideraban la invención de adivinanzas como una verdadera prueba de habilidad. Y no fueron los primeros en pensar así. Los acertijos aparecen en libros serios que se remontan hasta la literatura más antigua y se hallan por todo el mundo. Así, por ejemplo, se encuentran adivinanzas en el primer texto hindú, el Rig-Veda, que se remonta a mucho antes del año 1000 a. C. (¿Qué padre tiene 730 hijos? Un año, porque tiene 365 días y 365 noches.)

Los juegos de acertijos son también una idea antigua. En una leyenda de la Grecia clásica, un monstruo conocido como la Esfinge no permitía el paso de los viajeros por determinado lugar a menos que resolvieran un enigma que todavía hoy es célebre: «¿Qué animal anda a cuatro patas por la mañana, dos al mediodía y tres por la tarde?»

Tras devorar a muchos viajeros que no sabían la respuesta, la Esfinge fue vencida por el héroe Edipo, que la acertó: «El hombre gatea con las manos y las piernas en la infancia, camina erguido cuando es adulto, y en la vejez utiliza un bastón.» (El héroe de J. K. Rowling, Harry Potter, se encuentra con una esfinge que le plantea el mismo acertijo. Harry también responde correctamente.)

La Gran Esfinge de Gizeh es una de los cientos de esfinges construidas por los antiguos egipcios, los primeros que imaginaron el monstruo.

Al igual que el enigma de la Esfinge, muchos acertijos antiguos versan sobre cosas corrientes. Las adivinanzas anglosajonas, por ejemplo, mencionan espadas, arcos, escudos, armaduras, llaves y animales. Uno de ellos reza: «Vi cuatro hermosas criaturas viajando en compañía; sus huellas eran oscuras y su rastro, muy negro. El pájaro que flotaba en el aire se lanzaba con menos prontitud que su jefe; se sumergió bajo la ola. Era ardua tarea para el que mostraba a los cuatro el camino en sus incesantes visitas al recipiente de oro.»

La solución: la escritura a mano. Los dedos sujetan la pluma, que se «sumerge bajo la ola» de tinta en el tintero. Las «huellas» que se dejan atrás son las palabras.

Más que un simple pasatiempo, los acertijos pueden ser también un reto a la imaginación. ¿Cuántas formas de describir objetos corrientes eres capaz de encontrar? Piensa en ésta: «Millones de hormigas negras: el ejército avanza en miles de secciones, en seis brigadas y en tres divisiones, todas hacia el Único.»

Millones de letras, formando miles de palabras organizadas en seis partes y publicadas en tres volúmenes, cuentan la historia del Anillo Único: *El Señor de los Anillos.*

Ahora te toca a ti.

Muchos lectores dicen que la última pregunta de Bilbo a Gollum no es un acertijo. Simplemente le pregunta qué tiene en el bolsillo. Es como cuando Rumpelstiltskin pidió a la hija del molinero que adivinara su nombre. No es demasiado justo. Tolkien afirma que Bilbo estaba nervioso.

Véase también:
Beowulf

¿Se inspiró Tolkien en otros anillos?

Trata de imaginarte *ESDLA* sin el Anillo Único. ¿Imposible? Sin embargo, así empezó la historia.

Tan pronto como apareció *El Hobbit,* el editor y los lectores de Tolkien quisieron otro relato parecido. Pero el escritor tenía otros planes. Deseaba que su siguiente libro recopilara las leyendas sobre la creación de la Tierra Media que había estado escribiendo durante las décadas anteriores. Esto es en lo que consiste la Tierra Media *en realidad,* explicó Tolkien: no sólo dragones y tesoros, sino también fuerzas poderosas y grandes ideales. A su editor no le gustó. Esas leyendas describían los antecedentes del mundo de Bilbo, pero no tenían la emoción de un relato de aventuras.

Tolkien se sintió decepcionado, pero comprendió su punto de vista. Así pues, empezó a escribir otra historia similar a la de *El Hobbit.* Como se ha dicho anteriormente, su idea era que Bilbo Bolsón había gastado todo el tesoro

Anillos

En la década de 1960, los Beatles quisieron protagonizar una película de *ESDLA.* Frodo habría sido interpretado por Paul McCartney; Samsagaz, por Ringo Starr; Gandalf, por George Harrison, y Gollum, por John Lennon. ¡Imagina!

conquistado durante su primera aventura. Necesitado de más riqueza, sale en busca de otro tesoro.

Pero mientras Tolkien trataba de satisfacer a sus lectores, se sentía defraudado. Simplemente no le apetecía volver a escribir la misma historia. Y la riqueza no constituía un buen objetivo para su héroe. No había creado todo un mundo imaginario sólo para escribir sobre dinero.

Seguía teniendo en mente los ideales de las leyendas antiguas. Se planteó cómo podía ampliar el nuevo relato para darles cabida. Quería que la historia fuese más extensa y más siniestra. Quería que tratara de la lucha contra un mal terrible. Con todo, sabía que debía vincular la nueva narración con la anterior para complacer a su editor y a sus lectores. De repente, tuvo una idea.

En *El Hobbit,* Bilbo encontraba un anillo en la cueva de Gollum. Aunque el anillo tenía la facultad de hacer desaparecer a su poseedor, no jugaba un papel relevante en la trama. Pero a Tolkien eso no le importó. Sabía que los anillos mágicos suelen ser muy importantes y muy poderosos en la mitología. Aparecen en leyendas de todo el mundo. Como se ha comentado previamente, el anillo de Gollum en *El Hobbit* proviene de una leyenda nórdica sobre un enano llamado Andvari, al que sustraen un anillo mágico. Echa una maldición a quienquiera que trate de conservarlo. Como consecuencia, ocurren cosas terribles. Así pues, ¿podía pesar una maldición sobre el anillo de Gollum? Tolkien escri-

El «anillo» de *El Hobbit* no se escribe con mayúscula porque su importancia es desconocida para los personajes hasta que Gandalf averigua que se trata del Anillo Único. Naturalmente, el propio Tolkien ignoraba su importancia hasta que ideó la trama de *ESDLA.*

bió una nota para recordarlo: «Que la *devolución del anillo* sea el motivo» (*J. R. R. Tolkien: una biografía*, H. Carpenter, p. 207).

A partir de ese momento, la historia siguió una nueva dirección: en lugar de buscar más riquezas, Bilbo debía deshacerse del viejo tesoro que había ganado. Y el «anillo» hasta cierto punto mágico de *El Hobbit* era ahora el maligno «Anillo Único». Desde entonces, muchas piezas que Tolkien ya había creado encajaron en su sitio.

Tolkien empezó a plantearse el anillo como si fuese un personaje. ¿Qué poderes tiene? ¿Cómo los ha adquirido? Llegó a una conclusión interesante: podía otorgar un gran poder, pero a un precio muy alto. Y su mera posesión es peligrosa. Como dijo el propio autor, «cobra un precio. O lo pierdes, o te pierdes a ti mismo» (*J. R. R. Tolkien: una biografía*, H. Carpenter, p. 207).

Ahora el Anillo encerraba el mal en su interior. También esto encaja con las leyendas, como sabía Tolkien. Muchos anillos de la literatura contienen un espíritu o un alma. Un relato de la tradición judía, por ejemplo, explica que el arcángel Miguel dio al rey Salomón un anillo mágico para encerrar las almas de genios perversos. Salomón hizo que éstos construyeran un enorme templo y luego los arrojó al mar Rojo.

A partir de leyendas como ésta, Tolkien supo cómo explicar por qué el Anillo era tan perjudicial: contenía el mal de un terrible enemigo. Con esa ráfaga de inspiración, la trama final

Algunos lectores observan que *ESDLA* se parece a una ópera alemana, *El anillo de los Nibelungos*. Esto se debe a que el compositor de la obra, Richard Wagner, utilizó muchas de las leyendas que Tolkien usaría más tarde, como la historia de Andvari. Tolkien no copió de Wagner. Ambos utilizaron las leyendas de forma muy distinta.

de *ESDLA* tomó forma: puesto que el Anillo encerraba parte de la fuerza del enemigo, éste podía ser vencido si se destruía el Anillo.

EL SEÑOR DEL ANILLO

¿Y quién era ese enemigo sin nombre? Tolkien no tuvo que pensarlo mucho. La respuesta se hallaba en otra parte de *El Hobbit* que trataba de incluir en el nuevo libro: un personaje descrito como «un enemigo a quien de ningún modo alcanzarán los poderes de todos los enanos juntos» (*El Hobbit*, p. 36). Aunque Tolkien sólo había mencionado ese personaje breve y vagamente en *El Hobbit*, la combinación de misterio y poder había captado el interés de los lectores, quienes habían recabado más información sobre él. Sin saberlo, habían puesto a Tolkien en la dirección adecuada.

En alemán, el nombre de Odín se transforma en «Woden» y es el origen de *Wednesday* («miércoles»), que significa «día de Woden».

En *El Hobbit*, el personaje recibe el nombre del Nigromante. Tolkien lo eligió de la mitología nórdica. Significa «hechicero» o «mago», y es un apodo que se atribuye a menudo al dios nórdico más poderoso, Odín. (Se refiere a la facultad del hechicero de hablar con los muertos para adquirir conocimiento. *Necro* significa «cadáver» en griego antiguo.) Odín recibe el apodo porque, al igual que el personaje de *El Hobbit*, prefiere mantener su identidad en secreto. No quiere que las personas sepan que es un dios. Esto hace que sus grandes poderes simplemente parezcan las aptitudes mágicas de un hechicero.

Odín suele ser representado con los animales que le acompañan: dos cuervos, *Hugin* (pensamiento) y *Munin* (memoria), y sus lobos, *Geri* y *Freki*.

Odín es una figura compleja. Es bueno y malo a la vez. Dado que puede ser generoso, algunos lectores afirman que ven su personalidad en Gandalf. Eso es cierto en parte. Pero el carácter de Odín presenta un lado mucho más siniestro. No vacila en matar si ello favorece sus planes. Decide cuándo deben morir sus héroes favoritos. No obedece más ley que la suya. Nadie puede confiar en él por completo. El Nigromante de *El Hobbit* se inspiró en estas cualidades siniestras de Odín.

En realidad, hay conexiones entre el papel de Odín en las leyendas y la nueva función del Nigromante en *ESDLA*. Por un lado, Odín también aparece en la leyenda del enano Andvari. Es el que organiza el robo del anillo de éste. Además, Odín posee su propio anillo, uno de los más poderosos de la mitología de todos los tiempos. Se llama Draupnir y genera ocho nuevos anillos de oro cada nueve días, lo que otorga a Odín riqueza y poder eternos. Mediante los anillos de Draupnir, el dios nórdico compra lealtad y domina a los reyes, tal como Sauron usa los Anillos del Poder para tentar a los caudillos de los elfos, los enanos y los hombres.

Finalmente Tolkien había encontrado un modo de encajar sus ideas importantes en la nueva aventura sin desvincularse de *El Hobbit*. Siguiendo las pautas de las leyendas, ahora tenía un Señor y un Anillo. La historia estaba en marcha.

Véanse también:
Bolsón, Bilbo
Gandalf
Gollum
Sauron

¿Por qué los Elfos hacen los anillos?

Puede que te cueste trabajo creerlo, pero los elfos no siempre son buenos. De hecho, cuando son malos, las consecuencias pueden ser catastróficas.

Los ejemplos de Galadriel, Legolas y Arwen resultan admirables. Galadriel es amable y generosa cuando la Comunidad visita Lothlórien. Legolas contribuye valerosamente a la causa de la Comunidad y traba amistad con Gimli, el Enano, pese a la vieja enemistad entre ambas razas.

Pero, en ciertos aspectos, los elfos persiguen el mismo fin que Sauron: dominar el mundo. Ésta es una acusación bastante seria, pero eso es lo que Tolkien creía.

LA VENGANZA DE LOS TIMORATOS

El problema es que los elfos son muy curiosos. Un linaje concreto de elfos, los de Noldor (altos elfos), muestra un vivo interés por entender cómo funcionan las cosas. Esto los coloca siempre, según Tolkien, «del lado de la ciencia y la tecnología» (*Cartas de J. R. R. Tolkien,* selección de H. Carpenter con la colaboración de C. Tolkien, p. 224).

Él no la consideraba una tendencia positiva. Es la clase de conocimiento que interesa a Sauron y a los demás villanos de la Tierra Media. Saruman, por ejemplo, es incluso descrito como una máquina: «Tiene una mente de metal y ruedas, y no le preocupan las cosas que crecen, excepto cuando puede utilizarlas en el momento» (*El Señor de los Anillos,* p. 507). En cambio los personajes buenos, como los hobbits, desconfían de las máquinas.

Legolas el Elfo es el único miembro de la Comunidad que prefiere un arco con flechas. Esto puede remontarse a las antiguas leyendas europeas sobre elfos que disparan flechas desde el cielo. Esas leyendas proceden a su vez de historias de antiguos dioses que lanzaban rayos.

QUIEN BIEN TE QUIERE...

Los elfos no tienen intención de cometer maldades, como hacen Sauron y Saruman. No obstante, los elfos buenos suelen ocasionar problemas. Los elfos jamás imaginaron que algún día los Anillos podrían utilizarse con fines malévolos. Si bien cada uno de los tres Anillos creados por los elfos tienen propiedades positivas (por ejemplo, la facultad de curar), también permitieron que Sauron forjara el Anillo de poder, con la capacidad de contrarrestar todo el bien. Y aunque los elfos no pretenden ayudar a Sauron, Tolkien no les exonera culpando sólo a éste. Los comparó con los científicos de nuestro mundo, cuya labor puede perjudicar el medio ambiente o emplearse para fabricar armas. Creía que los elfos debían haber sido más prudentes antes de hacer los Anillos del Poder.

CONTROLADORES DEL TIEMPO

La creación de los Anillos revela otro defecto del carácter de los elfos, según Tolkien. Como viven eternamente, dice, los elfos ven pasar muchas cosas y desean mantenerlas «siempre frescas y hermosas» (*Cartas de J. R. R. Tolkien,* selección de H. Carpenter con la colaboración de C. Tolkien, p. 236). También les gusta ser las criaturas más avanzadas de la Tierra y no quieren que eso cambie, aun cuando no sea justo para los demás.

Se podría decir que los elfos pretenden usar los Anillos para detener el tiempo. Como dice Tolkien, «el principal poder (de todos los anillos por igual) era el de evitar o disminuir la velocidad del *deterioro* [...], la preservación de lo que se desea o se ama» (*Cartas de J. R. R. Tolkien,* selección de H. Carpenter con la colaboración de C. Tolkien, p. 181). Esto se puede comprobar en cómo el poder del Anillo hace que la vida de Bilbo sea más larga de lo habitual para un hobbit y que Gollum viva cientos de años. Pero el deseo de los elfos se opone a los designios de Dios: intentan controlar el mundo que éste ha creado. Hasta cierto punto, ésa es precisamente la intención de Sauron.

Véase también:
Elfos

¿Qué monstruo atacó a Tolkien?

Una de las criaturas más peligrosas de *ESDLA* es la araña gigante, *Ella-Laraña*. Más repugnante que un orco, más fuerte que un dragón, espera en su guarida con un propósito especialmente malvado. A diferencia de Sauron, quien desea dominar a los hobbits, los elfos, los enanos y los hombres, *Ella-Laraña* simplemente quiere devorarlos. Sin discusiones, sin grandes batallas morales. Se trata sólo de comer.

Arañas

Ella-Laraña te resultará un personaje familiar si has leído *El Hobbit.* En ese relato, Bilbo Bolsón se encuentra con una cuadrilla entera de arañas devoradoras de enanos. Y en una leyenda antigua que pasó a formar parte de *El Silmarillion,* Tolkien creó otra malvada araña gigante, *Ungoliant.*

Evidentemente, estaba cautivado por esta idea. Y contaba con mucha compañía. Las repugnantes arañas que devoran hombres no son un elemento nuevo en la leyenda y la literatura. Se remontan a mucho antes de la tradición escri-

ta y aparecen por todo el mundo. La tribu lakota de indios americanos cuenta muchas historias
acerca de una araña llamada *Unktomi*. Más recientemente, la creadora de Harry Potter, J. K.
Rowling, inventó *Aragog*, *Mosag* y sus hijos, que
también encuentran deliciosos a los humanos.
No hay duda de que Tolkien conocía muchas leyendas de arañas a través de sus estudios. Un
autor que le gustaba siendo niño, lord Dunsany, escribió sobre una enorme araña parlante, de
ojos «llenos de pecado», que tejía su telaraña
«en honor a Satanás».

No obstante, según el biógrafo Humphrey
Carpenter, Tolkien encontró la inspiración de
Ella-Laraña antes de saber leer. Cuando todavía
era un bebé en Suráfrica y aprendía a andar, se

topó con una tarántula en el jardín de su familia. Como es bien sabido, las tarántulas no son arañas corrientes: pueden alcanzar el tamaño de la mano de un adulto y suelen ser peludas. Viven en agujeros que cavan bajo tierra. Muerden con dos grandes colmillos, inoculando a sus presas un veneno capaz de licuar las vísceras de insectos y pequeños animales.

Y, aunque por lo general las tarántulas no pican a las personas, lo hacen si se las molesta o toca fortuitamente, como en el caso de un bebé curioso. Eso es lo que hizo la araña de Tolkien. «El pequeño comenzó a correr aterrorizado por el jardín, hasta que la niñera lo alzó y le extrajo el veneno chupando la picadura —cuenta Carpenter—. Al crecer, recordaría un día de calor en que había corrido lleno de horror entre la alta hierba seca» (*J. R. R. Tolkien: una biografía*, H. Carpenter, p. 24).

Tolkien no conservó un recuerdo visual de la tarántula en cuestión y jamás contrajo fobia a las arañas; a veces capturaba pequeños ejemplares en su casa de Oxford para soltarlos fuera. Pero, en su imaginación, el día que la tarántula le picó fue el día que nació *Ella-Laraña*.

Tolkien nació en Suráfrica en 1892, pocos años después de que sus padres se trasladaran allí desde Inglaterra. En 1896, cuando Tolkien visitaba Inglaterra con su madre y su hermano, su padre falleció súbitamente. La familia ya no regresó a Suráfrica.

Véanse también:
Gollum
Orcos

¿Qué poema épico inspiró a Tolkien?

Es posible que no hubieras leído nunca *ESDLA* de no haber sido por un poema milenario que influyó profundamente toda la obra de Tolkien.

El poema en cuestión se titula *Beowulf*. Es uno de los pocos ejemplos que se conservan del inglés antiguo, también llamado anglosajón, una lengua introducida en Gran Bretaña hacia el año 449 por tribus invasoras de la Europa continental. (El término «anglosajón» deriva de los nombres de esas tribus: anglos, sajones y jutos.) Aunque se habló en Gran Bretaña durante más de seiscientos años, es un idioma muy distinto del inglés actual.

Beowulf constituye casi la décima parte de toda la poesía anglosajona que ha sobrevivido.

Hoy en día fuera de las universidades, nadie se toma la molestia de aprenderlo. Pero Tolkien era uno de los mayores expertos del mundo. Lo enseñó en la Universidad de Oxford durante muchos años.

Si no conoces la historia que se cuenta en *Beowulf,* aquí tienes un poco de información, empezando por un hecho curioso. Este poema, tan importante en la literatura inglesa, está ambientado íntegramente lejos de Inglaterra. Toda la acción transcurre en Escandinavia, puesto que el poema se basa en leyendas introducidas en Inglaterra junto con la nueva lengua.

Ambientado en un tiempo de guerra entre daneses, suecos y una tribu llamada gauta (procedente del sur de la Suecia actual), la mayor parte del poema está dedicada a las luchas entre el guerrero gauta Beowulf y tres criaturas. Los hechos principales son los siguientes:

Considerada la obra literaria más antigua en lengua inglesa, *Beowulf* se supone compuesto en el siglo VIII. Sólo un manuscrito del inglés antiguo, copiado unos doscientos años después, subsiste en la actualidad. Se conserva en el Museo Británico.

- Un gran salón, donde los guerreros daneses se reúnen para beber y comer, es amenazado por un monstruo llamado Gréndel. El guerrero gauta Beowulf se ofrece para combatir el monstruo, y le inflige una herida mortal antes de que éste salga huyendo.
- Al día siguiente, mientras los guerreros están de celebración, llega la madre del monstruo para vengarse. Beowulf se enfrenta a ella, la persigue hasta el fondo de una charca de aguas fétidas, le da muerte y regresa con la cabeza del monstruo y la de Gréndel, que también ha muerto.
- Muchos años después, cuando Beowulf es rey, un dragón que escupe fuego empieza a

destruir el reino. El dragón busca venganza porque alguien ha robado una copa de oro de sus tesoros. Beowulf mata al dragón, pero muere a su vez de una herida que recibe en el transcurso del combate.

Desde luego, el poema es mucho más que una simple sucesión de escenas guerreras. Constituye la obra más célebre de su tiempo a causa de su estilo, sus reveladores detalles y sus grandes temas. Tolkien ha adoptado fragmentos de todo eso.

BEOWULF EN TOLKIEN

El Hobbit empezó como poco más que un cuento para dormir a sus hijos, por lo que al principio Tolkien no se preocupaba mucho por cómo utilizaba los elementos de *Beowulf*. Se podría decir que se divertía haciéndolo, convirtiendo el relato en algo mucho menos serio que el original. (No se trataba de provocar pesadillas.) Sin embargo, como comentó a los redactores del *Observer* después de la publicación de *El Hobbit*, «El *Beowulf* se cuenta entre mis más preciadas fuentes» (*Cartas de J. R. R. Tolkien*, selección de H. Carpenter con la colaboración de C. Tolkien, p. 42). Para escribir *ESDLA*, pensó más en el significado de *Beowulf* y le mantuvo su talante serio. Se puede apreciar la influencia del poema en ambos libros:

Existen escenarios similares. En *El Hobbit*, un

Antes que los anglosajones introdujeran el inglés antiguo a mediados del siglo V, la mayoría de británicos hablaban distintas formas de la lengua celta. El inglés antiguo se transformó en inglés medio cuando llegaron palabras nuevas con la conquista normanda (francesa) del año 1066. El inglés moderno comenzó a aparecer hacia mediados del siglo XV.

35

enfrentamiento crucial tiene lugar en la guarida de un dragón. Tanto *El Hobbit* como *ESDLA* presentan salones donde los guerreros beben y celebran banquetes. Como observa Thomas Shippey, experto en Tolkien, en *ESDLA* Legolas el Elfo describe Meduseld (el Castillo Dorado) con la misma frase que describe el palacio de *Beowulf:* «La luz del castillo brilla lejos sobre las tierras de alrededor» (*El Señor de los Anillos,* p. 543).

Del poema se toman personajes y nombres. El nombre Frodo aparece en *Beowulf.* Beorn, un caudillo humano de *El Hobbit,* es como el propio Beowulf en su expresión más feroz. El

Beowulf es también responsable del «descubrimiento» de Tolkien. Una ex alumna suya, contratada para traducir el poema, comentó de pasada a su editor que Tolkien había escrito un libro infantil parecido. *El Hobbit* no tardó mucho en entrar en la imprenta.

El monstruo Gréndel, terror de los daneses, los suecos y los gautas.

nombre de los orcos de Tolkien proviene de *orcneas*, un término utilizado para designar a los monstruos de *Beowulf.*

Se reproducen también algunos detalles de la trama. Cuando Bilbo Bolsón está en la guarida del dragón en *El Hobbit*, roba una copa, como le sucedió también al dragón de *Beowulf.* La reacción del monstruo de *Beowulf* —salir de su madriguera y devastar el territorio— se repite en *El Hobbit.* Algo parecido ocurre en el penúltimo capítulo de *ESDLA.* (Por respeto a quienes no han terminado de leerlo, no mencionaré aquí los detalles.)

Cuando en *ESDLA* una espada clavada en un Jinete Negro parece disolverse por la maldad que éste contiene, estamos viendo exactamente lo que sucede con la espada de Beowulf cuando toca la sangre del terrible monstruo Gréndel. Y Tolkien da a la idea un ingenioso giro cuando un Jinete Negro hace que su espada se funda después de atravesar el hombro de Frodo.

Además, como apunta Shippey, las reglas que la Comunidad debe seguir al acercarse al rey del Castillo Dorado —ponerse en contacto con determinados guardias, dejar las armas— son las mismas, «hasta el último detalle», que en *Beowulf* (*The Road to Middle-earth,* T. A. Shippey, p. 95).

Los temas de Beowulf *aparecen en la obra de Tolkien.* En *ESDLA*, como en *Beowulf*, tribus enemistadas dejan de lado sus diferencias para combatir a enemigos comunes. Y en ambos relatos los héroes deben resistir convirtiéndose en los mostruos a los que se enfrentan.

Para algunos lectores, *Beowulf* es una carga, un viejo libro que hay que leer en la escuela. Es una lástima. Para Tolkien, era todo menos trabajo. Año tras año, lo leía a sus nuevos alumnos. Y cuando lo hacía, el efecto era mágico. «Podía convertir un aula en una posada donde se bebía hidromiel, y donde él era el bardo y nosotros los huéspedes atentos», declaró un antiguo discípulo (*J. R. R. Tolkien: una biografía*, H. Carpenter, p. 151). Otro, el poeta W. H. Auden, dio más tarde las gracias a su maestro: «Nunca le he dicho, creo, qué experiencia inolvidable fue, en mis días de estudiante, escucharle cuando recitaba *Beowulf*. La voz era la de Gandalf» (*J. R. R. Tolkien: una biografía*, H. Carpenter, p. 151).

Véanse también:
Espadas
Nombres

Ése es el sello de un gran maestro: con lo que le inspiró a él, inspiró a otros. Y ahora que ya has leído *ESDLA*, también tú has participado en el banquete de la posada.

¿Por qué Tolkien hizo desaparecer a Bilbo?

Al principio de *ESDLA*, Bilbo Bolsón se pone el Anillo para desaparecer de su fiesta de cumpleaños como por arte de magia. Poco después sale de la historia tan repentinamente como entonces.

Volvemos a verle sólo durante un breve tiempo, y entonces nos enteramos de que ha estado leyendo viejos libros élficos y escribiendo. Si no has leído *El Hobbit,* es posible que no sepas que Bilbo era un gran aventurero. La espada *Aguijón*, tan letal para los orcos, era suya. Combatió contra arañas gigantes y contra un dragón. En realidad, ninguno de los hechos de *ESDLA* habría podido suceder sin él: fue él quien encontró el Anillo en la cueva de Gollum.

Entonces, ¿por qué no es el protagonista de *ESDLA*? ¿Cómo apareció en la historia nuestro querido Frodo?

De hecho, en la primera versión que Tolkien hizo de *ESDLA* Bilbo era el personaje principal. La historia iba a ser otra aventura de Bilbo, para satisfacer a los lectores de *El Hobbit*. La idea era que Bilbo había gastado toda su fortuna de la primera aventura y necesitaba encontrar más.

Finalmente, Tolkien decidió dar más seriedad al relato. Pero eso le planteaba un problema. No encajaba con Bilbo, que es un amante de las bromas y la diversión. Por ejemplo, el discurso de su fiesta de cumpleaños en *ESDLA* está repleto de chistes. Luego deja regalos con notas en las que se mofa de sus familiares y amigos.

Si el encargado de devolver el Anillo hubiera sido Bilbo, los lectores habrían esperado una aventura cómica como la que habían disfrutado en *El Hobbit* y se habrían sentido defraudados. Así, para crear un nuevo tono, Tolkien dejó a un lado a Bilbo.

Tolkien afirma que *ESDLA* es una traducción de un libro antiguo que comenzó siendo el diario privado de Bilbo. Lo llamó el *Libro rojo de la Frontera del Oeste*, a semejanza de una importante obra antigua de nuestro mundo. Las leyendas galesas del rey Arturo y otros se encuentran en el *Libro rojo de Hergest*, del siglo XIV.

Bilbo sale de escena

Fue entonces cuando Tolkien introdujo un nuevo personaje: el hijo de Bilbo. Pero eso tampoco acababa de funcionar. ¿Por qué iba a permitir Bilbo que su hijo afrontara el peligro? ¿Cómo explicaría Tolkien dónde estaba el hijo durante *El Hobbit*, o, peor aún, la esposa de Bilbo?

Finalmente Tolkien encontró la solución en las leyendas. La historia y la literatura contienen muchos ejemplos de tíos y sobrinos célebres. Esto se remonta a la antigüedad, cuando la costumbre exigía que los tíos desempeñaran la función de tutor en el caso de que el padre muriese prematuramente (como ocurría a menudo entonces). En las leyendas, esos sobrinos solían acabar siendo tanto o más importantes que sus tíos, e inspiraban relatos sobre sus propias gestas. El sobrino del rey Arturo es sir Gawain, ejemplo perfecto de lo que Arturo espera de los Caballeros de la Mesa Redonda: honor, sabiduría, lealtad y cortesía. Las leyendas de Carlomagno, emperador de la Europa medieval, dieron origen a relatos sobre su sobrino, Rolando,

Sir Gawain and the Green Knight [Sir Gawain y el Caballero Verde] es uno de los muchos poemas en inglés antiguo y medio que Tolkien tradujo al inglés moderno.

otro monarca de enorme valor y lealtad. La sobrina de Carlomagno, Bradamante, es una dama caballero. El héroe de *Beowulf,* un antiguo poema inglés que fue una importante fuente para *ESDLA*, es el sobrino de un rey. Mata monstruos que nadie más logra derrotar y llega a coronarse rey.

Estas famosas historias otorgaron a Tolkien la explicación que necesitaba. El sustituto de Bilbo resultó ser un primo más joven, con la condición oficial de sobrino y heredero.

Es posible que a Tolkien le doliera jubilar a Bilbo, pero para la generación de admiradores que ya habían leído *El Hobbit*, ninguna otra solución habría resultado convincente. Había llegado la hora de un nuevo héroe. Frodo entra en escena.

Véanse también:
Beowulf
Bolsón, Frodo
Gollum

¿Por qué Frodo es el Portador del Anillo?

Desde el primer momento en que vemos a Frodo y Aragorn juntos, en la posada de *El Poney Pisador,* nos damos cuenta de hasta qué punto Frodo dista mucho de ser un héroe clásico. Se asusta fácilmente ante el peligro, mientras que Aragorn conserva la calma. Ni siquiera parece lo bastante listo como para estar al mando: a diferencia de Aragorn, que ha mantenido la identidad secreta de Trancos durante años, Frodo se pone el Anillo imprudentemente y se delata pocos minutos después de entrar en la posada como el «señor Sotomonte».

Ese momento revela muchas cosas sobre ambos. Incluso para tratarse de un hobbit, Frodo no destaca como un ser especial. No es demasiado fuerte ni rápido. No posee la desenfadada energía de Merry, Pippin o Sam. Es tímido. Parece un estudioso, como Bilbo.

Comparémoslo con Aragorn. A primera vista se ve que Aragorn es una estrella. Es un líder natural. Se ha curtido en mil batallas. Posee la fuerza moral para resistir la atracción del Anillo.

Más importante aún: Frodo no quiere ser el Portador del Anillo. Desea librarse del problema del Anillo. Aragorn, en cambio, arde en deseos de encabezar la lucha. Se enfrenta a Sauron en la *palantír* (piedra vidente) para desafiarle directamente.

Aunque a menudo se dice que *ESDLA* es una «trilogía», Tolkien jamás lo planteó como tres libros. Su editor decidió que era muy largo para publicarlo en un solo volumen.

Aragorn parece ser el héroe perfecto, y no es por casualidad. Tolkien le otorga deliberadamente las cualidades de muchos héroes conocidos. Al igual que el rey Arturo o Moisés, su linaje real se oculta a los demás personajes hasta que llega el momento oportuno. La historia de su espada rota es como la leyenda de un gran héroe del norte de Europa, Sigurd. Puede curar enfermedades con una planta especial, como en las leyendas de Carlomagno.

No obstante, tras haberse tomado tantas molestias para hacer a Aragorn más heroico que Frodo, Tolkien eligió a este último para portar el Anillo. ¿Por qué?

Tolkien transgredió las normas habituales de narración de cuentos intencionadamente. Quería que su historia versara sobre alguien que se hace grande merced a cualidades más importantes que la estatura o la fuerza. Aunque a primera vista *ESDLA* parece una gran aventura épica, en el fondo es un cuento de hadas. «Nada conmueve más mi corazón —escribió Tolkien—, más allá de todas las pasiones y quebrantos del mundo, que contemplar cómo se ennoblece un personaje; desde el Patito Feo hasta Frodo» (*Cartas de J. R. R. Tolkien,* selección de H. Carpenter con la colaboración de C. Tolkien, p. 272). Así pues, manda a Frodo, un héroe insospechado, a un peligroso viaje, una gran búsqueda que le pone a prueba hasta el límite. Por el camino, Frodo descubre nobles virtudes que jamás imaginó poseer: valor, fortaleza, determinación y paciencia.

Este proceso de ennoblecimiento fascinaba a Tolkien todavía más que la lucha del bien contra el mal. Relata el cuento del Patito Feo en muchas ocasiones en *ESDLA* porque desea contemplar el proceso una y otra vez. Eso explica por qué su atención pasa de Frodo a Sam Gamyi hacia el final de la historia y por qué Merry y Pippin dejan de hacer el payaso y adquieren también cualidades nobles.

Aragorn nace grande; Frodo se hace grande. Y ésa es una diferencia importantísima para Tolkien. Cuando se forma la Comunidad, Elrond

Véanse también:
Bolsón, Bilbo
Espadas
Nombres
Silmarillion, El

Medio Elfo dice: «Ésta es la hora de quienes viven en la Comarca [los hobbits], de quienes dejan los campos tranquilos para estremecer las torres y los concilios de los Grandes» (*El Señor de los Anillos*, p. 293). Desde el punto de vista de Tolkien, los artífices de la historia no siempre son héroes y villanos célebres. Los individuos anónimos, como la mayoría de los hobbits, desempeñan papeles cruciales. Y no existe papel más crucial que el de portar el Anillo Único.

¿Por qué Frodo pasa tanto tiempo en cuevas?

Bolsón, Frodo

Espeleólogo. Ése es el tipo de palabra extraña que habría podido gustar a Tolkien, y que describe a muchos de sus personajes. Un espeleólogo es una persona que practica la espeleología o, dicho de otro modo, alguien que explora cuevas.

En *El Hobbit,* Bilbo Bolsón explora muchas cuevas, desde las de los trolls y los trasgos, pasando por la cueva de Gollum y una mazmorra subterránea, hasta la guarida de un dragón. En *ESDLA,* Frodo es también un espeleólogo. En su viaje, que debería llevarle a las entrañas del Monte del Destino, tiene que pasar sano y salvo por un túmulo (un montículo funerario), el mundo subterráneo de los enanos y las cuevas de las montañas próximas a Mordor. ¿Se presiente un tema? Tolkien sigue a pie juntillas una tradición de la narración de cuentos. Desde las leyendas más antiguas hasta las más recientes, los héroes han accedido a mundos subterráneos aterradores. Un mito de la antigua Grecia habla de Orfeo, quien se enfrenta al perro guardián de

tres cabezas del averno, *Cerbero*, para salvar a su amante, Eurídice. En la *Odisea* de Homero, los hombres de Odiseo entran en una cueva en busca de refugio, pero dan con el gigante antropófago Cíclope. En la epopeya romana, la *Eneida*, un héroe que accede a través de una cueva a un infierno llameante recibe la siguiente advertencia: «Reúne tu valor, porque lo necesitarás.» Puesto que la religión ocupó un lugar destacado en la vida de Tolkien, éste incluso parafrasea en *ESDLA* un célebre pasaje bíblico sobre un viaje

Desde sus ropas hasta sus caballos y su lengua, los Jinetes de la Marca de Tolkien se basan en descripciones de los anglosajones. Su emblema, un caballo blanco sobre fondo verde, proviene de un enorme dibujo en una colina situada cerca del domicilio de Tolkien. Con más de cien metros de longitud, se creía que era obra de los sajones (probablemente es mucho más antigua). Todavía se puede ver en la actualidad.

subterráneo. Malbeth el Vidente hace esta predicción acerca de un descenso que Aragorn llevará a cabo:

> *La Torre tiembla; a las tumbas de los reyes*
> *se aproxima el Destino. Los Muertos*
>   *despiertan;*
> *ha llegado la hora de los perjuros:*
> *de nuevo en pie en la Piedra de Erech*
> *oirán un cuerno que resuena en las*
>   *montañas.*
>
> (*El Señor de los Anillos*, p. 847)

En la Biblia, después de encerrar el cuerpo de Jesús en una cueva detrás de una enorme losa, la historia es casi idéntica:

> Al punto el velo del templo se rasgó en dos partes de arriba abajo; la tierra tembló y las piedras se resquebrajaron; se abrieron los sepulcros y muchos cuerpos de santos, que estaban muertos, resucitaron y, saliendo de los sepulcros, después de la resurrección de él, entraron en la santa ciudad y se aparecieron a muchos. (Mateo, 27, 51-53)

Otros ejemplos llegan hasta nuestros días. En un episodio de *La guerra de las galaxias*, Luke Skywalker entra en una cueva y se encuentra con un Darth Vader imaginario. Harry Potter desciende a la Cámara Secreta situada debajo de la escuela de Hogwarts y se enfrenta a su enemigo, lord Voldemort.

Cuando la Comunidad se aproxima al Castillo Dorado del rey de Rohan, Aragorn, a menudo llamado «montaraz» en *ESDLA*, recita unos versos que reproducen un poema anglosajón titulado «The Wanderer» [El montaraz]. Tolkien estaba inventando una historia para ese poema, como si se hubiera transmitido desde antes de la época de *ESDLA*.

En *Beowulf,* una fuente muy importante de Tolkien, el personaje del título se sumerge (hasta el fondo de un lago, no menos) para luchar contra un monstruo, y luego se enfrenta a un dragón que habita una cueva.

El erudito Joseph Campbell, quien estudió leyendas de todo el mundo en busca de semejanzas, afirma que los viajes subterráneos constituyen uno de los sellos de los héroes. Según él, entrar en una cueva equivale a enfrentarse con las partes oscuras de la propia mente y alma. La oscuridad esconde lo que es desconocido no sólo dentro de la cueva, sino también dentro de uno mismo. A veces, los peligros son las peores pesadillas del héroe hechas realidad. En otras ocasiones, esos peligros son demasiado terribles como para haberlos imaginado. A Aragorn, a quien pocas cosas asustan, le persigue el recuerdo de su primer viaje a Moria. Cuando Gandalf es arrastrado al fondo de un abismo por el Balrog, descubre que: «Abajo, más abajo que las más profundas moradas de los enanos, unas criaturas sin nombre roen el mundo. Ni siquiera Sauron las conoce» (*El Señor de los Anillos,* p. 537).

En todos estos casos, sacados de la leyenda y de *ESDLA*, se demuestra que la percepción de Campbell es cierta: los héroes se enfrentan a algo más que monstruos cuando se aventuran bajo tierra. El combate más duro se entabla contra sus propias dudas y temores.

Véanse también:
Beowulf
Orcos

¿Por qué son altos los Elfos de Tolkien?

Elfos

Si tu primera experiencia del universo de Tolkien fue una película de la serie *ESDLA*, tal vez te preguntaste por qué los elfos son tan altos. Son incluso más altos que los hombres. Pero ¿no deberían ser más pequeños que los hobbits? Nos imaginamos los elfos como gente menuda, como hadas: criaturas pequeñas que viven en un mundo mágico. No son como los que aparecen en *ESDLA*: grandes en estatura y sabiduría, admirados por casi todas las demás razas. Así pues, ¿por qué Tolkien llama a sus personajes «elfos»?

En realidad, Tolkien seguía una tradición muy antigua. Antes de que los elfos y las hadas se convirtieran en las pequeñas criaturas que conocemos por los libros de cuentos, se creía que eran muy parecidos a los elfos de la Tierra Media.

Los elfos de Tolkien siguen la tradición de las leyendas nórdicas. Como observa un autor, los elfos nórdicos son «inferiores a los dioses, pero dotados de gran poder». Algunos son «sumamente hermosos, más brillantes que el sol».

La mitología celta, que podría basarse en esas leyendas nórdicas, influyó también a Tolkien. Sus elfos son semejantes a los Tuatha Dé Danaan (los hijos de la diosa Dan), de quienes se dice que llegaron a Irlanda antes que los humanos. Los descendientes de los Tuatha Dé Danaan, conocidos como los sidhe, son también como las criaturas nobles de Tolkien. Estas dos razas celtas, como los elfos nórdicos, desempeñan un papel que aparece en muchas religiones: tienen más talento que los humanos, pero no tanto como los dioses. No obstante, cayeron en desgracia con el advenimiento de una nueva religión.

ESDLA contiene casi medio millón de palabras. Tolkien leyó una buena parte del libro a sus amigos mientras trabajaba en él. (Es probable que necesitara más de dos días y dos noches de lectura continua para hacerlo de una sola vez.)

¡CARIÑO, HE ENCOGIDO A LOS ELFOS!

Cuando Europa se hizo principalmente cristiana, la gente dejó de creer en la existencia de criaturas intermedias entre los humanos y Dios. Se dejaron de lado las historias de grandes elfos y hadas. En *Los cuentos de Canterbury*, que Geoffrey Chaucer escribió en el siglo XIV, un personaje dice con pesar: «En los antiguos tiempos del rey Arturo, de quien los bretones hablan con gran reverencia, toda esta tierra se hallaba llena de huestes de hadas. La reina de ellas, con su alegre acompañamiento, danzaba muy a menudo en las verdes praderas. [...] Hablo de muchos cientos de años ha; mas ahora ya no puede ver nadie ninguna hada, pues en estos tiempos la gran caridad y las oraciones de los mendicantes y otros santos frailes [...] son causa de que no haya hadas.»

Sin embargo, el concepto de las criaturas mágicas no desapareció del todo. Con el tiempo, los elfos y las hadas fueron asociados a inquietudes más banales, cuestiones desconcertantes, pero no lo bastante importantes para Dios. Se convirtieron en espíritus domésticos: criaturas a las que echar la culpa si un plato se rompía misteriosamente, o a las que dar gracias por una racha de buena suerte.

Así es cómo se describía a los elfos a finales del siglo XVI, cuando la obra de cierto escritor garantizó la pervivencia de esos cuentos populares.

The Faerie Queen [La Reina de las Hadas], de Edmund Spenser, una de las últimas grandes obras sobre majestuosos hadas y elfos, apareció hacia la época de las obras de Shakespeare. En este relato, el dios griego Prometeo crea el primer «elfo», quien conoce más tarde a una gran hada. De ambos, «pronto crecieron un pueblo poderoso y reyes magníficos» (libro II, canto 9).

DUENDECILLOS CORTOS DE MENTE

Tolkien siempre culpó a William Shakespeare de incorporar hadas y elfos bobos a la literatura. A decir verdad, Shakespeare no fue el primero en escribir sobre duendecillos. Pero lo hizo a menudo, y tan bien que la idea perduró. El mejor ejemplo es su obra *El sueño de una noche de verano,* ambientada en un bosque encantado. El simpático duende Puck describe elfos diminutos que se asustan fácilmente y «se deslizan dentro de la corteza de las bellotas y se esconden allí». Los duendecillos aparecen también en muchas otras obras de Shakespeare. Tolkien, seducido por la idea de elfos magníficos, detestaba los elfos y las hadas de Shakespeare. Llegó a decir a un lector que lo que hizo Shakespeare era «imperdonable» (*Cartas de J. R. R. Tolkien*, selección de H. Carpenter con la colaboración de C. Tolkien, p. 219).

ELFOS DE ALTURA

Tolkien temía no ser capaz de transformar nuestra idea de los diminutos elfos. Aun así, lo intentó. Otorgó a sus criaturas muchas cualidades especiales. Son como hombres sumamente refinados. Son inteligentes y sensibles, y con los años han ido adquiriendo una gran sabiduría. Como en las leyendas antiguas, son superiores a los hombres. Y si bien ambas razas parecen iguales en el momento de su creación, con el paso del tiempo los elfos llegan a distinguirse por su «mayor sabiduría, destreza y belleza» (*El Silmarillion*, p. 121). Es por ello que se volvieron tan altos.

Véanse también:
Anillos
Enanos
Galadriel

¿Por qué los Elfos viven tanto tiempo?

Muchos personajes de *ESDLA* son longevos. Aragorn ya ha vivido más de una vida humana al comienzo de la historia. Los hobbits suelen vivir el doble que los hombres. Cuando empieza *ESDLA*, Bilbo se está haciendo viejo, incluso por tratarse de un hobbit, aunque parece más joven debido al poder del Anillo. Gollum tiene unos quinientos años, gracias también al Anillo.

Los elfos son incluso más viejos. Puede que parezcan jóvenes, pero algunos de ellos tienen muchos miles de años. En realidad son inmortales. Si se les mata, su espíritu se reencarna en un cuerpo parecido al que tenían, y hasta conservan los mismos recuerdos. Tolkien estableció unas reglas muy meticulosas sobre la inmortalidad de los elfos, porque se trataba de un tema importante para él. Pero sus opiniones al respecto pueden resultar insospechadas.

Según explicó Tolkien, Ilúvatar quiso averiguar qué pensaban las distintas razas sobre la vida y la muerte, sobre todo los elfos y los hombres. Curiosamente, estas dos razas se tienen envidia.

Tolkien dijo que le habría gustado escribir *ESDLA* sólo en élfico. No creó tantas palabras, pero sí las suficientes para mantener una conversación sencilla en esa lengua. Hay quien ha llegado a escribir poesía en élfico.

Los hombres, naturalmente, envidian la inmortalidad de los elfos, mientras que éstos consideran que vivir para siempre puede resultar aburrido. Además, los elfos ven cómo desaparecen las cosas que aprecian. Y resulta angustioso presenciar tantos siglos de maldad. En palabras del propio Tolkien, los elfos envidian la «liberación» que se ofrece a los hombres de la «fatiga del Tiempo» (*Cartas de J. R. R. Tolkien,* selección de H. Carpenter con la colaboración de C. Tolkien, p. 242).

Tal vez te preguntes por qué este tema obsesionaba tanto a Tolkien. La respuesta podría ser que los seres humanos han inventado siempre historias para desentrañar el misterio de la muerte. O quizá Tolkien llegó a sentir fascinación por ella a través de la religión. Determinadas ideas sobre la muerte en *ESDLA* evidencian un punto de vista católico. Por ejemplo, los Valar han prometido que la raza humana y los elfos tomarán parte en la siguiente creación de Ilúvatar; por consiguiente, temer a la muerte equivale a perder la fe en Dios. Según Tolkien, eso es tan perjudicial en nuestro mundo como lo es en la Tierra Media.

Pero quizás exista una razón más personal. Tolkien era huérfano. Su padre murió cuando él sólo tenía cuatro años. Su madre falleció cuando Tolkien tenía doce años. Naturalmente, estos hechos dejaron unas cicatrices profundas y permanentes que pueden explicar por qué Tolkien meditó tanto sobre las cuestiones de la vida y la muerte. También pueden justificar las creencias que presenta en *ESDLA* a través de sus elfos: que no hay que temer a la muerte y que vivir para siempre no es necesariamente algo que envidiar. En realidad, los hombres son dichosos teniendo una vida que llega a su fin de un modo natural.

Cuando terminó la Primera Guerra Mundial, en 1918, todos los amigos íntimos de Tolkien excepto uno habían muerto. Tolkien contaba entonces veintiséis años de edad.

Véase también:
**Tierras
   Imperecederas**

¿Por qué los Enanos y los Elfos se tienen antipatía?

Al principio de *ESDLA*, Gimli el Enano y Legolas el Elfo desconfían uno de otro. Sus razas han estado enemistadas durante la mayor parte de la historia de la Tierra Media, tanto tiempo que nadie parece recordar cómo se originó el conflicto.

LUCES Y SOMBRAS

La antigua enemistad se remonta en realidad a viejas leyendas de nuestro mundo sobre enanos y elfos, a las que Tolkien dio un giro original. En esas leyendas, como en *ESDLA*, los enanos son mineros y herreros, y habitan un mundo subterráneo de rocas y minerales. Son fuertes y generalmente bajos. Como describe un autor:

> Feos, narigudos y de un color marrón sucio [...], su lenguaje era el eco de soledades, y sus moradas, cuevas y grietas subterráneas.

Se distinguían especialmente por un conocimiento de las fuerzas misteriosas de la naturaleza y por las runas que grababan y explicaban. Eran los artífices más hábiles de todos los seres de la Creación, y trabajaban los metales y la madera.

Resulta fácil reconocer a los enanos de la Tierra Media en esta descripción: viven bajo tierra, hablan en su complicado idioma, usan runas como alfabeto y son hábiles artesanos.

Tolkien tardó doce años en escribir *El Señor de los Anillos.* Transcurrieron cuatro más hasta que finalmente apareció el primer volumen en 1954.

Los enanos legendarios son también combativos, como los de la Tierra Media. Son posesivos con el oro que extraen. No suelen confiar en los demás. Como escribe un experto en tradiciones populares: «Los enanos tienen a veces relación con los humanos, aunque en general parecen huir del hombre; dan la impresión de ser una raza oprimida y afligida que está a punto de ceder su antiguo hogar a invasores nuevos y más poderosos.»

La envidia explica muchos de los conflictos entre los enanos y los elfos de las leyendas nórdicas. Como dice un autor, los elfos nórdicos «adoraban la luz, eran amables con los humanos y generalmente se mostraban como niños buenos y preciosos». Pero los enanos «aparecían sólo por la noche. Evitaban el sol como a un enemigo mortal, porque cada vez que sus rayos les sorprendían se transformaban inmediatamente en piedras». Los enanos envidian a los elfos, pero también desprecian lo que consideran una vida fácil.

También parece haber un componente de envidia en su enemistad en *ESDLA*. Según la leyenda que Tolkien inventó para explicar el origen de sus enanos, no son los favoritos de Ilúvatar, el dios de la Tierra Media. Los elfos sí lo son. Los enanos, en realidad, fueron creados por un Valar, uno de esos espíritus angélicos que dan forma a la Tierra Media. Éste ansía tener criaturas a las que enseñar, por lo que trata de asumir la función de dios y crearlas, con lo que enfurece a Ilúvatar, que tenía intención de hacer elfos. Y aunque permite que los enanos vivan, afirma que deben dormir en la tierra hasta que los elfos estén vivos, y que «surgirán a menudo conflictos entre los tuyos [los enanos] y los míos [los elfos]» (*El Silmarillion,* J.R.R. Tolkien, p. 44).

Pero, en este caso, las leyendas no son más que un punto de partida para Tolkien. La historia de *ESDLA* resuelve el conflicto. La Comunidad del Anillo se forma cuando elfos y enanos se enfrentan a una amenaza tan grande que su enemistad carece de importancia. Saben, como dice Haldir el Elfo, que «en verdad nada revela tan claramente el poder del Señor Oscuro como las dudas que dividen a quienes se le oponen» (*El Señor de los Anillos,* p. 374). Y, una vez unidos por la necesidad, Gimli y Legolas se hacen grandes amigos. Ése fue el propósito de Tolkien como autor. Él diría que también forma parte del plan de Ilúvatar.

A Tolkien le gustaba escribir con mayúscula sus versiones de Enanos y Elfos, para recalcar que no son exactamente como los de las leyendas.

Véanse también:
Elfos
Galadriel
Nombres

¿Qué hace andar un bosque?

Es muy posible que el color preferido de Tolkien fuera el verde, a juzgar por los muchos ejemplos de árboles y bosques que aparecen en *ESDLA*. Llegó a incluir árboles racionales, como el Viejo Hombre-Sauce, y los gigantes semejantes a los árboles, los ents. El amor de Tolkien por los árboles empezó a una edad temprana. Siendo niño, los imaginaba como personajes de historias y le gustaban los cuentos en que los árboles jugaban papeles importantes.

Uno de los que más le interesaron fue *Macbeth,* de William Shakespeare, sobre un ambicioso señor de Escocia que perpetra un asesinato para ser rey. En esta obra, Macbeth recibe la visita de un fantasma que predice el futuro. El espectro augura que Macbeth no será derrotado a menos que un determinado bosque se desplace para luchar contra él. Esto complace a Macbeth, convencido de que un bosque no puede moverse:

Ents

William
Shakespeare
(1564-1616)

Macbeth: ¡Jamás eso será! ¿Quién puede movilizar un bosque ni mandar al árbol que arranque su raíz del seno de la tierra?

Macbeth no debería estar tan tranquilo. Hacia el final de la obra, un centinela acude precipitadamente hacia él, asustado y desconcertado por lo que ha visto: un bosque andante se dirige hacia el castillo de Macbeth. Éste no tarda en

descubrir que el bosque no está formado por árboles vivos, sino que se trata de un ejército rival
disfrazado con ramas y hojas del bosque que
el fantasma mencionó. Tal como éste predijo, el
ejército derrota a Macbeth.

La historia de Shakespeare fascinó a Tolkien,
pero también le defraudó. Quería un bosque de
verdad que se opusiera a Macbeth. «Deseaba inventar un medio en el que los árboles pudieran

realmente avanzar en formación hacia la guerra», explicó (*Cartas de J. R. R. Tolkien,* selección de H. Carpenter con la colaboración de C. Tolkien, p. 249). Eso es lo que hizo.

Así pues, ¿qué hace andar un bosque? En Tolkien, como en Shakespeare, los bosques andan cuando se enojan con un gobernante malvado.

«LAS VIEJAS OBRAS DE GIGANTES»

La estruendosa forma de hablar de Bárbol pretende ser una broma personal, según el biógrafo Humphrey Carpenter. Imita la voz del amigo de Tolkien, C. S. Lewis, autor de *El león, la bruja y el guardarropa.*

Todavía más interesantes que los árboles andantes son los pastores que los vigilan. Los ents, que se parecen mucho a los propios árboles, son gigantes. Bárbol mide más de cuatro metros de altura. Esto tiene sentido: su nombre proviene del término del inglés antiguo que designa «gigante»: *enta.* La palabra aparece en una frase empleada a menudo por los poetas anglosajones, *eald enta geweorc,* que significa «las viejas obras de gigantes». Se refiere a monumentos o edificios misteriosos que dejaron civilizaciones antiguas y desconocidas. Por ejemplo, podría decirse que el círculo de piedras de Stonehenge es una «vieja obra de gigantes».

Así como los anglosajones no conocían el origen de tales construcciones, los ents constituyen un misterio para las demás criaturas de la Tierra Media. Tolkien no llega a explicar del todo su creación en *ESDLA.* Una vez publicada la historia, dijo a los lectores que los ents son los seres más antiguos de la Tierra Media, creados por los espíritus angélicos al mismo tiempo que las águilas. Pero, dentro del propio relato, quiso dejar el misterio sin resolver, al igual que «las viejas obras de gigantes». Eso forma parte del atractivo de los ents.

CAMPO Y CIUDAD

Bosques enojados, ents protectores: la devoción de Tolkien por la naturaleza podía ser feroz. Detestaba el perjuicio causado al campo por la Revolución Industrial, el movimiento para construir grandes fábricas que comenzó en el siglo en que él nació. «Hay algo malo que opera en la Co-

marca», afirma Sam cuando aparece la imagen de unas fábricas en el Espejo de Galadriel (*El Señor de los Anillos,* p. 390). La pasión de Tolkien pudo tener un motivo muy personal.

Cuando tenía ocho años, hacia la época en que imaginaba historias en las que los árboles sabían hablar, su familia se mudó al campo en las afueras de Birmingham. Durante cuatro años, Tolkien y su hermano disfrutaron de la vegetación que rodeaba su casita de campo. Ese período, dijo Tolkien, fue «la parte más formativa y, en apariencia, más larga de mi vida» (*J. R. R. Tolkien: una biografía,* de H. Carpenter, p. 36).

Por desgracia, aquella época terminó abruptamente y de la peor forma posible. La madre de Tolkien falleció. Entonces Tolkien y su hermano fueron enviados a Birmingham para vivir con una tía suya. Desde la ventana de su nuevo hogar, Tolkien veía el humo de las fábricas en vez de los árboles. Como explica su biógrafo Humphrey Carpenter, «el amor [de Tolkien] al recuerdo de los campos abiertos de su juventud se convertiría en un aspecto esencial de sus textos, y estaba vinculado de modo profundo con su amor por el recuerdo de su madre» (*J. R. R. Tolkien: una biografía,* de H. Carpenter, p. 45). A sabiendas de esto, resulta fácil entender el deseo de Tolkien de hacer del mundo un lugar nuevamente verde.

Véase también:
Elfos

¿Por qué se rompen las mejores espadas?

Las cosas buenas exigen tiempo. En la mitología, las espadas suelen requerir años de forja, generalmente a manos de herreros elfos o enanos, cuyos poderes van más allá de las facultades humanas. Dice una leyenda que se necesitaron tres años para forjar una espada para el emperador Carlomagno.

Espadas

Sin embargo, las espadas de los héroes suelen romperse en el peor momento posible. En la Tierra Media, una espada rota se menciona una y otra vez. Se trata de la gran espada *Narsil*, empleada para arrebatar el Anillo de la mano de Sauron miles de años antes de que comience *ESDLA*.

Pese a haber sido forjada por el herrero de más talento entre los enanos, se parte en dos en el momento en que más se necesita: cuando Elendil, el primer gran rey de Arnor y Gondor, trata de acabar con Sauron.

¿Es un accidente la pérdida de *Narsil*? En absoluto.

En las historias como *ESDLA*, el modo en que los héroes ganan o pierden sus espadas no es una mera cuestión de suerte.

La espada en el... ¿árbol?

Las grandes espadas deben ganarse o recibirse como regalo. El nuevo poseedor tiene que demostrar que es digno por encima de todos los demás. En las leyendas del rey Arturo, el mago Merlín emplea la magia para clavar una espada en una roca para que sólo el verdadero rey, el joven Arturo, pueda arrancarla. En algunos rela-

El rey Arturo, representado aquí con Merlín, recibe una espada de la misteriosa Dama del Lago.

tos artúricos, la misteriosa Dama del Lago entrega al monarca una segunda espada.

La idea de la espada de Arturo clavada en la piedra se tomó de la leyenda islandesa *Volsunga*, que relata cómo el gran héroe Sigmundo conquistó su arma:

El rey Volsung hizo edificar una noble sala con tal sabiduría, que un gran roble se alzaba dentro, y las ramas del árbol florecían por encima del techo de la sala, mientras que debajo estaba el tronco dentro de ella, y a dicho árbol los hombres lo llaman *Branstock*. Una noche un desconocido entró en la sala, descalzo y cubierto con una sucia capa. Llevaba una espada en la mano mientras se dirigía hacia el *Branstock*, y un sombrero flexible en la cabeza. Era corpulento, viejo y tuerto. Clavó la espada en el árbol, hundiéndola hasta la empuñadura. Luego habló así:

«Quien logre arrancar la espada de este árbol, la recibirá como regalo mío y descubrirá que existe una espada mejor que ésta.» Entonces el viejo abandonó la sala, y nadie supo adónde fue.

Los hombres se levantaron. Ninguno quería ser el último en poner su mano sobre la espada, por cuanto creían que el primero que la tocara se haría con ella. Los más nobles fueron primero, y después los demás; pero ninguno logró arrancarla por más que tiraran de ella. Entonces se acercó Sigmundo, hijo del rey Volsung. Empuñó la espada

Las grandes espadas no sólo cortan. Como *Aguijón*, que brilla cuando hay orcos cerca, pueden advertir del peligro; o, como *Excalibur*, pueden alumbrar las tinieblas. Algunas están encantadas y protegen a sus propietarios del peligro. En la ficción moderna, Terry Pratchett escribe sobre una espada que habla.

y la extrajo del árbol con gran facilidad. Nadie había visto jamás una espada semejante. Siggeir ofreció comprársela a tres veces su peso en oro, pero Sigmundo dijo: «Habrías podido sacar la espada si te correspondiera portarla; pero ahora, puesto que ha caído en mis manos, nunca será tuya.»

En *ESDLA*, Frodo recibe la espada *Aguijón* de la misma manera. Bilbo clava *Aguijón* en una viga en lugar de entregarla directamente a Frodo. Entonces éste la arranca de la viga.

También es cierto lo contrario de esta norma sobre conseguir una espada: hacerse con una por medios ilícitos suele acarrear consecuencias funestas. A veces resulta que la espada está maldita. Por ejemplo, puede parecer útil al principio, puesto que mata al enemigo, pero después el héroe descubre que no puede impedir que mate y sobreviene la tragedia. En la epopeya finlandesa *Kalevala*, una de las influencias de Tolkien, el malvado Kullervo obtiene su espada por medio del asesinato, un acto deshonroso que se castiga cuando la espada le quita la vida. Tolkien siguió esa historia de cerca en su cuento de Túrin Turambar en *El Silmarillion*.

Como *Aguijón* de Frodo y *Andúril* de Aragorn, la mayoría de las espadas de grandes héroes de la historia y la mitología tienen nombre: Arturo tiene *Excalibur*; Carlomagno posee *Joyosa*; la de Rolando se llama *Durandarte*; el Cid Campeador dispone de *Tizona* y *Colada*... Hay docenas de ejemplos.

ESPADAS ROTAS

La pérdida de una espada por parte de un héroe es también un asunto serio. Un buen ejemplo de ello es el relato que hace Tolkien del rey humano Elendil, cuya espada *Narsil* se rompe en el transcurso de una contienda con Sauron tres mil años antes de la acción de *ESDLA*. La idea de una espada rota proviene de la historia de *Volsunga* que se ha descrito anteriormente: una vez que Sigmundo arranca la espada del árbol, vive un sinfín de grandes aventuras. El dios Odín, que resulta ser el misterioso desconocido tuerto que clavó la espada en el árbol, decide que ha llegado el momento de que Sigmundo muera y se reúna con los dioses. Aparece de nuevo, esta vez en un campo de batalla,

> envuelto en una capa azul y con un sombrero flexible en la cabeza, tenía un solo ojo y nada más que un bastón en la mano. Se volvió contra el rey Sigmundo, levantó su vara y, cuando éste embistió ferozmente, la espada golpeó el bastón y se partió por la mitad. La buena fortuna de Sigmundo le había abandonado.

Sigmundo muere ese mismo día, pero su viuda conserva la espada rota. Cuando su hijo Sigurd crece, le da los fragmentos. El joven los hace reparar y se convierte en un gran héroe que mata dragones.

En esta leyenda, como en muchas otras, las mejores espadas se rompen para que nadie pueda esgrimirlas hasta que llegue un digno sucesor. La espada restituida es la señal y el medio por el que se restaura una dinastía legítima. Este tema es importante en *ESDLA*. El hijo de Elendil,

En *La muerte de Arturo*, de sir Thomas Malory, sir Galahad y otros caballeros encuentran una espada a bordo de un barco desconocido. Averiguan que el arma se remonta a la época del rey Salomón y la nave la ha transportado a través de los tiempos hasta dar con su legítimo poseedor. Galahad se muestra digno de quedarse con la espada.

Isildur, es capaz de utilizar la espada rota para arrancar el Anillo de la mano de Sauron, pero no puede rehacer el arma. Aparentemente hay algo indigno en él, lo cual se confirma cuando se deja corromper por el Anillo. No obstante, la espada es reparada (y rebautizada con el nombre de

Sigurd (representado aquí con Brunilda, la reina guerrera de Islandia) sostiene la espada que heredó de su padre. Rota en el transcurso del último combate de éste, volvió a forjarse cuando Sigurd estaba listo para convertirse en un gran héroe.

Andúril) para Aragorn, porque él es el heredero legítimo de Gondor y posee la fuerza de voluntad necesaria para rechazar el Anillo. Como Tolkien dice en varias ocasiones, «el descoronado será de nuevo rey, forjarán otra vez la espada rota» (*El Señor de los Anillos,* p. 188).

¿Qué vio Tolkien en Galadriel?

Aunque Gimli es normalmente un enano duro como una piedra, muestra cierta debilidad por Galadriel. No puede menos que admirarla. Hasta podría decirse que la adora, en el sentido en que se adora a una madre. No es de extrañar. Galadriel está relacionada con varios personajes maternos de la leyenda y la historia.

HOMBRE CONTRA NATURALEZA

La función principal de Galadriel en la Tierra Media consiste en crear y mantener el hogar de los elfos, Lothlórien. Esto la convierte en lo que los historiadores llaman la Madre Tierra. Desde los mitos más antiguos, se ha atribuido a las diosas de la Madre Tierra la creación y el sustento de la vida. Los egipcios adoraban a Isis; los asirios rendían culto a Ishtar; los griegos eran mantenidos por Gea, Hera y Deméter; los romanos honraban a Maya, Ceres y otras. Esta

Isis,
diosa madre del
antiguo Egipto.

idea de la Madre Tierra aparece en leyendas de todo el mundo. Pocas civilizaciones conceden el mismo papel a dioses masculinos, al igual que el marido de Galadriel, Celeborn, no sustenta Lothlórien.

MADRE, ¿DÓNDE ESTÁS?

Tolkien escogió con cuidado la fecha en que la Comunidad inicia su misión para derrocar a Sauron: el 25 de diciembre, el mismo día que nació Jesús de la Virgen María.

Tolkien, devoto católico, otorgó también a Galadriel los atributos de una madre concreta que era importante para él: la Virgen María, madre de Jesucristo. María simbolizaba para Tolkien las mismas cosas que Galadriel ofrece a Frodo y sus compañeros: compasión y sabiduría divinas. Recompensa su devoción con la suya. «La Dama Galadriel está por encima de todas las joyas de la tierra», dice Gimli, conmovido por su bondad (*El Señor de los Anillos*, p. 382).

Galadriel no fue el primer personaje inspirado en la Virgen María que Tolkien creó para su Tierra Media. En sus leyendas originales (posteriormente recopiladas en *El Silmarillion*), esa función correspondía a Varda, uno de los más poderosos de los Valar, los espíritus angélicos que dan forma a la Tierra Media. (Varda es el personaje al que se pide ayuda cuando alguien dice «*¡A Elbereth Gilthoniel!*».) De hecho, los elfos veneran a Varda del mismo modo en que Galadriel es venerada por Gimli y Frodo. Pero Tolkien quería que, en la medida de lo posible, todos los Valar quedaran al margen de la acción de *ESDLA*, incluida Varda. Así pues, el papel de Galadriel ganó peso hasta asumir la misión de María. Resulta interesante comprobar cómo, con Varda apartada de la historia, los instintos de Tolkien le indujeron a otorgar a la Comunidad una figura materna.

En las películas de *ESDLA*, Arwen habla élfico como Tolkien quería que se hablara. Todos los actores aprendieron palabras élficas según la pronunciación de Tolkien.

LA OTRA MARÍA

La Virgen María supuso una influencia importante en la creación de Galadriel, pero sólo una de muchas. La historia de un personaje bíblico distinto, llamado también María, revela otra característica esencial del carácter de Galadriel.

Galadriel se arrepiente de haberse rebelado contra los Valar en su juventud, y sus sentimientos son relevantes para la historia: si todavía se sintiera rebelde, podría desear quedarse con el Anillo cuando Frodo se lo ofrece, puesto que le conferiría mucho poder. (De hecho, sabe que arriesga mucho al rechazarlo. Si Frodo lo destruye, su propio Anillo perderá su poder y el refugio que conserva para los elfos desaparecerá. Si Frodo no lo hace, Sauron podría recuperarlo, lo que sería peor. En cualquier caso, su renuncia al Anillo es un sacrificio.) Tolkien la calificó de «penitente», un término católico para referirse a aquellos que se arrepienten de sus pecados (*Cartas de J. R. R. Tolkien,* selección de H. Carpenter con la colaboración de C. Tolkien, p. 473). Es como una célebre penitente de la Biblia, María Magdalena, una pecadora que llegó a aceptar a Cristo y le acompañó en sus últimos días. Y, al igual que María Magdalena, Galadriel recibe el perdón de los Valar cuando ven que rechaza el ofrecimiento de Frodo.

Véanse también:
Religión
Silmarillion, El

¿Por qué no se debe confiar en el Espejo de Galadriel?

«No pidas consejo a los elfos, pues te dirán al mismo tiempo que sí y que no», dice Frodo, repitiendo un proverbio hobbit (*El Señor de los Anillos*, p. 99). El Espejo de Galadriel constituye un perfecto ejemplo: ofrece sólo una pista del camino a seguir. Las imágenes que refleja son confusas. ¿Corresponden al pasado, al presente o al futuro? ¿Qué ocurrirá, y qué puede ocurrir? Esa indefinición procede de las leyendas, al igual que otras cualidades que Tolkien otorgó al espejo.

¿Quién es la más bella del reino?

Los espejos han estado relacionados con la magia durante miles de años. Aunque resulta difícil de concebir ahora, en el pasado eran objetos muy raros y caros. La mayoría de la gente pasaba toda su vida sin contemplarse en uno de ellos. Un reflejo muy fiel podía resultar incluso aterrador: a veces las personas creían que el espejo

había capturado su alma. Pero el mismo concepto de poder mágico atraía a los magos, que miraban fijamente a un espejo hasta que se les desenfocaba la vista, con la esperanza de que aparecieran visiones del futuro.

Esta combinación de historia y superstición dio lugar a algunos de los espejos célebres que figuran en la literatura, como el espejo de la perversa reina de *Blancanieves.* En las leyendas del rey Arturo, el mago Merlín posee también un espejo mágico. Más recientemente, el Espejo de Oesed juega un importante papel en *Harry Potter y la piedra filosofal,* de J. K. Rowling.

La práctica de mirar en un espejo para adivinar el futuro se llama «catoptromancia».

LA SABIDURÍA DE LA MATERNIDAD

El Espejo de Galadriel es lo que se conoce como un oráculo, una persona u objeto que posee la facultad de mostrar el futuro. Desde los relatos épicos de la Antigüedad, como la *Odisea* de Homero, hasta películas recientes como *Matrix,* los héroes se han detenido en su camino para consultar un oráculo. Esto sucedía también en la vida real. Antes de ir a la guerra o emprender un largo viaje, normalmente la gente preguntaba a los oráculos qué iba a ocurrir. En el mundo antiguo, se encontraban por todas partes: sólo en Grecia había más de doscientos cincuenta.

El más famoso de la historia fue el de Delfos, en Grecia. Supuestamente, los vapores que se elevaban del suelo tenían la facultad de poner a las personas en contacto con determinados dioses. En ese lugar se construyó un templo, donde una sacerdotisa inhalaba los vapores y establecía contacto con los dioses cuando alguien deseaba formular una pregunta. El oráculo de Delfos era tenido muy en cuenta. Durante doce siglos, la gente acudió a él en busca de consejo.

Tiene sentido que Galadriel sea el personaje que puede mostrar un atisbo del futuro. En la leyenda y en la historia —Delfos es un buen ejemplo—, el don de la profecía se atribuye generalmente a las mujeres. Esto derivaba de la an-

Se decía que el oráculo de Delfos establecía contacto con varias divinidades, entre ellas una antigua madre tierra sin nombre; la diosa Gea, una madre tierra posterior; Apolo y Dioniso. Un experto afirma: «Durante varias generaciones, el oráculo de Delfos fue el mayor centro espiritual de Grecia.»

tigua creencia de que las mujeres, al ser capaces de engendrar hijos, estaban más próximas a las fuerzas de la naturaleza que en el fondo rigen el mundo. En la mitología romana, las sacerdotisas, denominadas sibilas, eran tan respetadas como el oráculo de Delfos. Los libros que contenían sus predicciones eran los volúmenes más valiosos del imperio.

Hasta hace poco, los científicos modernos consideraban absurda la idea del oráculo de Delfos. Pero se ha descubierto que del suelo sobre el que se asentaba el templo se desprendía un gas de olor agradable. Ese gas, el etileno, puede inducir un trance, como describían los eruditos antiguos.

¿QUIERE UNA SEGUNDA OPINIÓN?

Galadriel advierte que su espejo no es fiable. Ése era un defecto extendido entre los oráculos de la vida real, a menudo porque el consejo se formulaba de un modo que se prestaba fácilmente a interpretaciones erróneas. Por ejemplo, los reyes del pasado emprendían a veces guerras después de oír que cobrarían gran fama; pero al final resultaba que conquistaban la fama al ser vencidos. Lo mismo ocurre en la literatura. Si eres un admirador de Harry Potter, sabrás que el Espejo de Oesed no muestra lo que sucederá, sino lo que uno *quiere* que suceda. («Oesed» es la imagen reflejada de «Deseo».)

«Un consejo es un regalo muy peligroso, aun del sabio al sabio», dice Gildor el Elfo a Frodo (*El Señor de los Anillos,* p. 99). Sea cual sea la cifra de seres humanos que deseen conocer el futuro, siempre hay alguna complicación. Galadriel tenía razón al advertir a Frodo que no actuara en función de lo que había visto.

Véanse también:
Religión
Sauron

84

¿Quién (o qué) es Gandalf?

Los lectores aman a Gandalf, y resulta fácil entender por qué: es sabio, bondadoso, fuerte y, además, muy gracioso. La gente no sólo le admira; quiere ser él. En cualquier gran concentración de admiradores de *ESDLA* es probable ver a algunos vestidos con la indumentaria de Gandalf: capas, sombreros puntiagudos, barbas postizas y largos bastones.

Sin embargo, pese a toda la atención que recibe, sigue siendo un misterio. Y parece preferir que sea así. «No te daré cuenta a ti de todo lo que hago», dice a Frodo cuando hablan por primera vez sobre el Anillo (*El Señor de los Anillos*, p. 69). Todo el mundo cree que es un mago o un elfo especial, aunque ninguna de estas suposiciones es cierta. Resulta que no sólo es un misterio en la Tierra Media. Las ideas que Tolkien ha vertido en él son también difíciles de entender al principio.

Gandalf

Formando parte de los Premios Hugo (los premios más prestigiosos en la literatura de ciencia ficción), el Premio Gandalf galardona los logros de toda una vida. El primer autor que recibió este honor fue Tolkien.

A juzgar sólo por las apariencias, muchos lectores suponen que Tolkien creó a Gandalf pensando en el mago Merlín de los cuentos del rey Arturo. Ambos personajes parecen magos clásicos: ancianos con túnicas holgadas y largas barbas. Los dos aprecian la naturaleza y enseñan a jóvenes héroes. Por último, sabemos que Tolkien sentía un gran aprecio por el galés, la lengua original de las leyendas de Merlín.

Pero las semejanzas no son toda la historia. Por ejemplo, Merlín usa la magia del mismo modo que el maestro de Harry Potter, Albus

Con un bastón como el de Gandalf y Odín, Merlín protege al rey Arturo de un enemigo sin rostro.

Dumbledore. Mediante hechizos y conjuros, puede curar heridas o controlar a las personas. Gandalf posee poderes sobrenaturales, pero no porque domine la brujería. Tan sólo da esta impresión a los hobbits. Sus poderes provienen de una fuente distinta a la de Merlín o Dumbledore. Como Aragorn dice a Frodo: «Gandalf es más grande de lo que se supone en la Comarca; como regla general no veis de él otra cosa que bromas y juegos» (*El Señor de los Anillos,* p. 191).

¿Un origen nórdico?

Para comprender a Gandalf, es preciso mirar a los dioses. Un punto de partida es el dios más poderoso de la mitología nórdica, Odín.

Existen muchas conexiones entre Odín y Gandalf. Odín es representado también como un anciano de larga barba, a menudo con un bastón. Tiene poderes sobrenaturales. No sólo es capaz de leer el alfabeto de runas, como Gandalf, sino que además es el que concedió el don de las runas a la humanidad. Al igual que Gandalf, parece vagar solo en una búsqueda que los demás no logran entender.

Sin embargo, hay también diferencias importantes:

- Odín es el dios supremo de la mitología escandinava. Gandalf, en cambio, parece obedecer órdenes de una autoridad superior.

Durante una excursión por las montañas suizas, Tolkien encontró una postal que mostraba un montañés de barba blanca, ataviado con una capa y un sombrero de ala ancha. Esa imagen le inspiró la creación de Gandalf.

- Odín suele ser cruel, incluso bárbaro. Se le ofrecen sacrificios humanos. Gandalf siempre muestra compasión y clemencia.
- Odín adora los tesoros. Gandalf no demuestra ningún interés por la riqueza.
- Odín posee talentos que Gandalf no comparte, como la facultad de convertirse en una serpiente, un águila y otras criaturas.

Como el propio Tolkien dijo en una ocasión, Gandalf es «odínico», refiriéndose a que es parecido a Odín, pero no igual (*Cartas de J. R. R. Tolkien,* selección de H. Carpenter con la colaboración de C. Tolkien, p. 143). Las diferencias entre ambos son tan notables como las semejanzas. Una vez más, Gandalf se muestra esquivo. Con todo, el hecho de que sea tan escurridizo encierra la clave de su verdadero origen.

Así como el corcel de Gandalf, *Sombragrís*, era el caballo más rápido de la Tierra, Odín montaba el caballo más veloz de la mitología nórdica, *Sleipnir*, que tenía ocho patas.

Gandalf nunca revela su verdadera función en el plan para destruir el Anillo Único porque no está autorizado a hacerlo. Los Valar, los espíritus angélicos que dan forma al mundo, le han ordenado que sea enigmático. Les obedece porque en realidad trabaja para ellos.

Como Tolkien explicó en sus cartas a los lectores, Gandalf es en realidad un ángel enviado a la Tierra Media para cumplir una misión. Los Valar quieren ayudar a las criaturas de la Tierra Media a resistir a Sauron, por lo que mandan allí varios espíritus para que les echen una mano. Gandalf y otros ángeles, llamados colectivamente istari, comparten esa tarea. (Saruman fue uno de ellos antes de convertirse en el criado de Sauron.) Pero los Valar no quieren presionar a nadie, ni asustar como hace Sauron. Los istari tienen órdenes de mantener su identidad en secreto. Esta regla supone que las criaturas de la Tierra Media deben decidir combatir a Sauron porque es lo correcto, no porque teman a los Valar.

La condición de ángel no hace que Gandalf sea perfecto ni le permite conocer el desenlace de la historia. Como dice a menudo, hay muchas cosas que ignora, incluso de su propia misión. Pese a todos sus dones, sólo puede confiar en que ocurra lo mejor. Y él, como los demás miembros de la Comunidad, es puesto a prueba. La supera cuando se sacrifica luchando contra el feroz Balrog para que sus amigos puedan esca-

Gandalf viste de manera distinta cuando se reúne con sus amigos, porque ha ascendido un grado en el escalafón de los istari. Ahora es Gandalf el Blanco, un nivel superior respecto a Gandalf el Gris. (Ahora ya sabes por qué no todos los admiradores de Gandalf visten igual.)

par. En realidad muere, porque los cuerpos que los istari reciben para ocultar su identidad los hacen tan vulnerables como las demás criaturas; pero debido a su generoso acto, su espíritu se transfiere a un nuevo cuerpo y asume poderes más grandes que antes. Los amigos de Gandalf aprecian pequeños cambios en su aspecto porque en realidad es un nuevo ser.

Véanse también:
Nombres
Silmarillion, El

¿Cómo ideó Tolkien a Gollum?

Cuando Gollum sale a escena, concentra toda nuestra atención. Nauseabundo como un orco y mucho más irritante, tiene la piel viscosa y unos pies palmeados que le hacen parecer un enorme sapo. A veces cuesta trabajo recordar que en el pasado fue un hobbit corriente. Pero, a pesar de la repugnancia que nos produce, no podemos evitar compadecerlo, porque sabemos que es una víctima del Anillo. Y su peligrosa personalidad desdoblada resulta fascinante. ¿Qué lado de ella triunfará? ¿Ayudará Gollum a Frodo y Sam o les hará daño?

Gollum

El nombre hobbit original de Gollum, Sméagol, es una palabra inglesa que significa «cavador». Un nombre apropiado para un ser que lleva al extremo la costumbre hobbit de vivir en un agujero.

ESCURRIDIZO CUANDO ESTÁ HÚMEDO

La mitología nórdica fue la primera fuente de inspiración para muchos de los detalles de la vida y la personalidad de Gollum. Tal vez recordarás que su pasado es tan horrible como él: corrompido casi tan pronto como ve el Anillo, vive con él durante casi quinientos años —buena parte de ese tiempo en el interior de una húmeda cueva— hasta que Bilbo se lo arrebata, provocando su ira y el ansia de recuperarlo. Las leyendas nórdicas hablan de otro habitante de las cuevas pequeño y codicioso, que poseía un anillo especial y un deseo de venganza. Aparece en un cuento que fue uno de los preferidos de Tolkien siendo niño, «La historia de Sigurd», de *El libro rojo de los cuentos de hadas* de Andrew Lang. El relato cuenta lo siguiente:

Andvari era el rey de los enanos, guardián de un anillo mágico y del tesoro que éste generaba. Guardaba el tesoro en una cueva subterránea. El dios Loki, a quien se pidió que robara el tesoro, se aventuró en la cueva y capturó a Andvari. El enano entregó todo el tesoro excepto el anillo mágico, a sabiendas de que éste sustituiría todo lo perdido. Pero Loki exigió también el anillo.

Andvari se enfureció. Maldijo el tesoro y el anillo para que trajeran desgracia y muerte a quien los poseyera.

Loki advirtió al rey para el que había robado el tesoro sobre la maldición de Andvari: incluso los «héroes todavía por nacer» —refiriéndose a las generaciones futuras— estarían condenados. Pero el monarca no se amilanó: «Conservaré este reluciente anillo mientras viva y sin temor a tus amenazas. Ahora vete.»

El rey no debió confiar tanto en sí mismo. Las amenazas se hicieron realidad. Según el relato de Andrew Lang, ni siquiera el héroe Sigurd —«al que ni diez hombres habrían podido ma-

El mejor amigo de Gollum se llama Déagol, una palabra de inglés antiguo que significa «secreto». Tiene sentido: su asesinato es el secreto de Gollum.

tar en justo combate» — consiguió poner fin a la maldición del «fatal anillo de oro».

¿No se parece mucho el rey enano Andvari a Gollum? Y existe una pista definitiva: Tolkien nos recuerda una y otra vez a lo largo de *ESDLA* que Gollum está hambriento de «peces». En la leyenda de Andvari, el enano no habita en cualquier cueva, sino que vive en una donde hay una cascada y una charca repleta de peces. Solía emplear la magia para transformarse en un pez de gran tamaño y capturar así a los más pequeños.

Véase también:
Anillos

¿Fue Gollum bueno alguna vez?

¿Crees que ya conoces a Gollum? Vuelve a pensarlo. El personaje que conoces no es el mismo que el que apareció por primera vez en *El Hobbit*. En realidad, el primer Gollum era tan distinto que incluso podría decirse que era bueno, o por lo menos un poco mejor.

Gollum

EL GOLLUM PERDIDO

Los cambios empezaron a producirse poco después de la primera publicación de *El Hobbit*, cuando Tolkien comenzó a trabajar en *ESDLA*. Su idea para el nuevo libro era que Bilbo devolviera el anillo que encontró en la cueva de Gollum durante la primera aventura.

Esto hizo que Tolkien pensara en el anillo. Empezó a considerarlo como la fuerza poderosa y oscura que conocemos de *ESDLA*. Pero había un problema. En la versión original de *El Hobbit*, Gollum deja que Bilbo se adueñe del anillo

Más de una década antes de escribir *El Hobbit,* Tolkien compuso un poema en el que aparece una criatura llamada Glip, que se parece mucho a Gollum.

muy fácilmente: se lo ofrece como premio de un juego de acertijos. Eso no encaja en *ESDLA*. Se supone que el Anillo Único es irresistible. Nadie renunciaría a él tan pronto, y mucho menos Gollum.

Tolkien detectó el problema poco después de empezar a escribir *ESDLA*, pero decidió seguir adelante. Trabajó en *ESDLA* durante diez años mientras el público disfrutaba de la versión original de *El Hobbit*. Luego, una vez concluido el primer borrador de *ESDLA*, volvió atrás y modificó *El Hobbit* de modo que los dos libros encajaran mejor.

La mayoría de los cambios aparecen en el capítulo en el que Bilbo conoce a Gollum y encuentra el Anillo. Los cambios hacen que el Anillo resulte mucho más importante para Gollum. Además, demuestran hasta qué punto lo ha pervertido. Por ejemplo:

El actor que dio vida a Gollum en las películas de *ESDLA* imaginaba que el Anillo era una droga y Gollum un adicto que lo anhela a pesar de sus efectos nocivos. Esta analogía sirve para explicar cómo se comporta Gollum. Pero Tolkien no pensaba en adictos cuando creó a Gollum.

- El nuevo Gollum valora más el Anillo. No lo ofrece como premio, como sucedía en la primera versión. Es demasiado importante para arriesgarse a perderlo. En cambio, ofrece a Bilbo la posibilidad de salir de la cueva.
- El nuevo Gollum es más astuto. Bilbo se da cuenta de que es tramposo y que hará cualquier cosa por conservar el Anillo. Pero, en la primera versión, Gollum está dispuesto a dejar que Bilbo se quede con el Anillo como cuestión de honor después del juego de los acertijos.

- El nuevo Gollum está más apegado al Anillo. Parece enloquecer tan pronto como se da cuenta de que lo ha perdido. (No sabe que Bilbo lo tiene.) En la primera versión, tan sólo se muestra desconcertado.
- El nuevo Gollum es más peligroso. Piensa en comerse a Bilbo en lugar de permitirle abandonar la cueva. Pero, en la primera versión, se disculpa ante Bilbo por no poder darle el premio prometido.
- El propio Anillo es también distinto. En el

«En el fondo, Gollum te parte el corazón. No es simplemente un bribón; acabas por compadecerlo», Mark Ordesky, productor ejecutivo de las películas de *ESDLA*.

original, simplemente hace que su portador se vuelva invisible. En la nueva versión, Tolkien lo denomina un «anillo del poder».

Casi cuesta trabajo reconocer ese Gollum original. ¡Todo ese empeño por cumplir su palabra! No obstante, en la nueva versión es repentinamente la criatura que conocemos. Bonniejean Christensen, una estudiosa de Tolkien que fue la primera en señalar las diferencias entre las dos versiones, lo expone muy claramente: Gollum se convierte en una «criatura debilitada y completamente depravada, dominada por un anillo maligno y capaz de cualquier crimen».

Tolkien justifica las dos versiones distintas en el prólogo de *ESDLA* con un pretexto que encaja perfectamente en la historia que sigue. Afirma que la primera versión fue una mentira que Bilbo contó, probablemente debido a la influencia del Anillo. La versión posterior sólo llegó a conocerse después de que Gandalf sacara la verdad a Bilbo. Muy ingenioso por parte de Tolkien relacionar ambas versiones de ese modo, ¿verdad? Y el nuevo Gollum resulta mucho más interesante que el primero.

Véanse también:
Acertijos
Anillos
Bolsón, Bilbo

¿Qué pesadilla obsesionaba a Gondor?

¿Has tenido alguna vez una pesadilla tan espantosa que te ha despertado? Tolkien sí. De hecho, el mismo sueño le perseguía una y otra vez, desde su niñez y durante la edad adulta.

Gondor

En lugar de asustarse, trató de interpretarlo. El sueño se volvió una obsesión: hizo dibujos y compuso poemas basados en él. Pero aquellos esfuerzos, según el propio Tolkien, no bastaron para resolver el enigma.

Con el tiempo dio con una solución. El sueño le llevó a escribir un relato sobre los primeros años de la Tierra Media, y la historia se convirtió en los antecedentes de algunos personajes centrales de *ESDLA*.

LA OLA GIGANTE

La pesadilla que atormentaba a Tolkien era siempre la misma. Una ola gigantesca se levantaba en medio del océano o se precipitaba sobre la tierra. En cada ocasión, el pánico despertaba a Tolkien. Se incorporaba en la cama jadeando, como si hubiera estado ahogándose.

Cuanto más meditaba Tolkien sobre su sueño, más atraído se sentía por las viejas historias de territorios destruidos por una ola gigante. Se trata de una leyenda muy extendida, desde los antiguos cuentos populares hasta el episodio bíblico del Arca de Noé y el Diluvio Universal. Finalmente, Tolkien volvió su atención a uno de los relatos más célebres: el del continente perdido de la Atlántida.

El filósofo griego Platón escribió la historia de la Atlántida hace 2.400 años. Según él, los hechos habían acaecido unos 7.000 años atrás. Supuestamente, la Atlántida era una enorme isla situada en el océano Atlántico, residencia de una espléndida civilización fundada por el dios del mar, Poseidón. Los seres humanos que la habitaban poseían conocimientos y talentos extraordinarios. Platón escribe:

Durante muchas generaciones, mientras conservaron alguna cosa de la naturaleza del dios de donde habían procedido, obedecieron los habitantes de la Atlántida las leyes que habían recibido y honraron el principio divino que constituía su parentesco. Pensaban conforme a la verdad y muy generosamente, mostrándose llenos de moderación y sabiduría en todas las circunstancias lo mis-

Tolkien dijo que los numenoreanos que lograron sobrevivir en Gondor son como los antiguos egipcios. Admiran los grandes edificios y estatuas, como las pirámides y la Gran Esfinge de Egipto. Construyen tumbas sofisticadas. Incluso las coronas de sus reyes se parecen a las altas coronas de la realeza egipcia.

mo que en sus recíprocas relaciones. Por eso miraban con desprecio todo lo que no era virtud, daban poca importancia a los bienes presentes y llevaban como una pesada carga natural el oro, las riquezas y las ventajas de la fortuna.

Desgraciadamente, el paraíso de los atlantes no duró. «Cuando la esencia divina se fue debilitando en ellos por su continua mezcla con la naturaleza mortal —prosigue Platón—, cuando la humanidad se les impuso, entonces, impotentes para sobrellevar la prosperidad presente, degeneraron. [...] Aquellos que eran incapaces de ver lo que hace la vida feliz, juzgaron que habían llegado a la cumbre de la virtud y de la dicha en el tiempo que habían estado poseídos de la loca pasión de acrecentar sus riquezas y su poderío.» Con la esperanza de erigirse en un imperio, la Atlántida declaró la guerra a la gran ciudad griega de Atenas. Esto enfureció al dios Zeus. Decidido a castigar a los atlantes, sepultó su isla bajo las aguas del océano.

Hace pocos siglos, los eruditos empezaron a teorizar sobre el hecho de que la Atlántida no era una isla perdida en el océano sino una civilización desaparecida. Las hipótesis actuales la sitúan en casi todos los rincones del mundo.

LA ATLÁNTIDA DE TOLKIEN

Con el paso de los años, los autores de cuentos han dado todos los giros posibles a la leyenda de la Atlántida. Tolkien, sin embargo, se mantuvo muy fiel a la versión de Platón. En la suya, la Atlántida recibe el nombre de Númenor, y se le otorga a ciertos humanos para ayudar a los elfos en una guerra. Esos hombres poseen excelentes cualidades, pero son engañados por Sauron y se vuelven perversos. Como consecuencia de ello, el dios de la Tierra Media manda una ola gigante para arrasar la isla en la que habitan y hundir sus buques de guerra. Los pocos hombres virtuosos que sobreviven a la ola terminan en la Tierra Media, donde algunos de ellos fundan Gondor. Aragorn es uno de sus descendientes, así como Boromir y Faramir.

NO LLORES MÁS

Tolkien creía que la leyenda de Platón se basaba en un hecho real. Más que eso, creía que su pesadilla era un recuerdo verídico heredado de un antepasado que había vivido la inundación miles de años antes. (Si te parece extraño, piensa que Tolkien averiguó más tarde que uno de sus hijos tenía a menudo el mismo sueño.) En *ESDLA*, Faramir parece haber heredado la pesadilla de

la misma manera, de sus antepasados de Númenor.

Al escribir sobre Númenor, Tolkien trataba
de imaginar la historia tal como sucedió en realidad. Lo hiciera o no, el esfuerzo por comprender su pesadilla dio un resultado completamente
inesperado: dejó de tenerla.

Véanse también:
Religión
Sauron

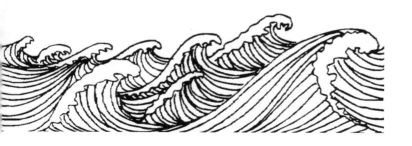

¿Está basada la Guerra del Anillo en la Segunda Guerra Mundial?

Puesto que *ESDLA* se publicó en 1954, casi una década después de que finalizara la Segunda Guerra Mundial, muchos lectores supusieron que Tolkien había basado su guerra de la Tierra Media en la contienda en Europa. Creían ver hechos de la historia real repetirse en la novela: tanto las fuerzas del mal de la guerra como las del relato son dirigidas por un dictador detestable; los aliados tienen que dejar de lado pequeñas diferencias para combatir un enemigo común; el Anillo Único parece todopoderoso, al igual que la bomba atómica en la Segunda Guerra Mundial.

EL ANILLO Y LA BOMBA

Tolkien se sintió molesto por estas suposiciones. Demasiado simple, dijo. Demasiado obvio. Tal como explicó, había imaginado la trama antes de comenzar la guerra. Creó la Comunidad del

105

Anillo mucho antes de que los aliados unieran sus fuerzas en la vida real. El poder del Anillo se convirtió en el núcleo de la historia ocho años antes de que se inventara la bomba atómica. En realidad, muchas de sus ideas sobre la guerra se forjaron durante su participación en la Primera Guerra Mundial, casi tres décadas antes de escribir *ESDLA*.

No obstante, si bien *ESDLA* no sigue los hechos diarios de la Segunda Guerra Mundial, el conflicto afectó sin duda el pensamiento de Tolkien. En varias cartas (algunas de ellas dirigidas a sus hijos, que sirvieron en el ejército), relaciona ideas del relato con acontecimientos reales. Por ejemplo, aunque no pretendía que el Anillo fuese un símbolo de la bomba atómica, cuando se enteró de la existencia de ésta se enojó con los científicos que la habían inventado. El día que se difundió la noticia, escribió una carta a su hijo Christopher: «La noticia de hoy acerca de las "bombas atómicas" es tan aterradora que uno queda aturdido. La completa locura de esos físicos lunáticos al consentir llevar a cabo trabajo semejante con fines belicistas: ¡planear con calma la destrucción del mundo!» (*Cartas de J. R. R. Tolkien*, selección de H. Carpenter con la colaboración de C. Tolkien, p. 139). Más adelante afirma que esos físicos eran como los elfos que hicieron los Anillos del Poder. Amaban la ciencia, pero eran incapaces de prever sus consecuencias.

Aunque Tolkien no presagió la guerra cuando pensó la novela en 1936, posteriormente ad-

Durante una batalla de *ESDLA* aparece una nube con forma de paraguas. Algunos lectores creen que es una alusión a la famosa nube en forma de hongo de la bomba atómica. Pero este fenómeno no es raro cuando se producen explosiones. Tolkien lo vio en los campos de batalla franceses durante la Primera Guerra Mundial.

mitió que el conflicto marcó una «era oscura» que «rivalizaría con la de Mordor y el Anillo» (*Cartas de J. R. R. Tolkien,* selección de H. Carpenter con la colaboración de C. Tolkien, p. 274). O, como dijo su amigo y colega C. S. Lewis: «No se inventaron estos hechos para que reflejaran ninguna situación particular del mundo real. Fue al revés: los acontecimientos reales empezaron a conformarse, de manera horrible, al modelo que él había inventado libremente» (*J. R. R. Tolkien: una biografía,* H. Carpenter, p. 211).

¿ERA TOLKIEN PACIFISTA?

Algunas personas se precipitan a relacionar la historia real con la trama de *ESDLA*, mientras que otras se permiten sacar conclusiones sobre la visión de la guerra que tenía Tolkien.

En el libro, resulta fácil encontrar claras alusiones al pacifismo: la idea de que toda lucha es errónea. (Los pacifistas creen que no se debe tomar nunca las armas, ni siquiera para combatir el mal.) Por ejemplo, escribe en el prólogo: «En ningún momento los hobbits fueron amantes de la guerra» (*El Señor de los Anillos,* p. 18). Y Boromir, el más belicoso de la Comunidad, es el primero en caer víctima de la atracción maligna del Anillo, porque está muy ansioso de utilizarlo como arma. En sus cartas, Tolkien explicó que el símbolo más importante del pacifismo es Tom Bombadil, el extraño personaje que salva a los hobbits del Viejo Hombre-Sauce. Tom no se

El origen de Tom Bombadil es un muñeco que se había quedado atascado en un retrete. Pertenecía a uno de los hijos de Tolkien. Después de «rescatarlo», el autor dedicó un poema a Tom, en el que el personaje conoce a la ninfa, acuática para más regodeo, Baya de Oro.

alinea en ningún bando en la lucha por el Anillo. (Es tan ajeno a ella, que ni siquiera se vuelve invisible cuando se pone el Anillo.)

Pero, si bien Tolkien quería demostrar que el pacifismo es un punto de vista común, no lo compartía. Pretendía que *ESDLA* enseñara que a veces es necesario dejar de lado un ideal pacífico y enfrentarse directamente al mal. Como explica en una de sus cartas, la supervivencia de Tom Bombadil depende de la misión de la Comunidad.

Se podría decir que Tolkien era como Frodo: un guerrero reticente. Creía que a veces los defectos del género humano hacen necesaria la guerra y no rehuía la lucha. Pero no se sentía orgulloso de los triunfos militares. «Creo que los "victoriosos" no pueden nunca disfrutar de la "victoria"», escribió en cierta ocasión (*Cartas de J. R. R. Tolkien,* selección de H. Carpenter con la colaboración de C. Tolkien, p. 276).

Véase también:
Beowulf

¿Cuál es el origen de la palabra «hobbit»?

Los lectores se rascaban la cabeza, perplejos. Tan pronto como apareció *El Hobbit* en 1937, empezaron a hacer conjeturas sobre el origen del título. Si bien no encontraron la palabra en ningún diccionario, algunos tenían la certeza de haberlo oído antes. Comoquiera que los hobbits son bajitos, tienen los pies peludos y viven bajo tierra, muchos lectores se convencieron de que Tolkien había combinado *human* y *rabbit* («conejo»). Alguien supuso que estas criaturas y su nombre procedían de una leyenda africana.

Estas conjeturas, y casi todas las que siguieron, eran erróneas.

Lo cierto es que a Tolkien se le ocurrió la palabra de repente, y tardó algún tiempo en reconstruir las múltiples fuentes que cristalizaron en ese momento de inspiración.

La palabra se le ocurrió en una situación insólita. Estaba corrigiendo exámenes, una tarea que le aburría. Se distrajo de forma natural. Mientras soñaba despierto por un momento, escribió una frase en una página en blanco del cuaderno de examen de un alumno. La frase se convertiría en el principio de su novela: «En un agujero en el suelo, vivía un hobbit» (*El Hobbit,* p. 3).

Para un profesor de inglés antiguo, la palabra «hobbit» tenía sentido en esa frase. Es casi un juego de palabras, puesto que los términos de inglés antiguo que designan «habitante de un agujero» son *hol bytla.* Así, como es natural, un hobbit debía vivir en un agujero.

Pero aún había más detrás de esa palabra, como Tolkien descubriría posteriormente.

La palabra «hobbit» es supuestamente una traducción por parte de Tolkien del idioma oestron (lengua común), que empleaban los hobbits. En realidad se llamaban a sí mismos *kuduk.*

Caza de conejos

Tolkien insistió siempre en que los «hobbits» no tienen nada que ver con los conejos. Dijo que su tamaño y forma eran un intento de complacer a sus hijos, a quienes gustaban unas criaturas llamadas *snergs* que aparecían en uno de sus libros, *The Marvellous Land of Snergs,* de E. A. Wyke-Smith. Los *snergs* son «una raza de seres apenas más altos que una mesa corriente, pero de hombros anchos y muy fuertes». Tolkien reveló a un amigo que *snergs* «era quizás un origen inconsciente de los hobbits, no de otra cosa»

(*J. R. R. Tolkien: una biografía*, H. Carpenter, p. 183).

No obstante, Thomas Shippey, experto en lingüística y biógrafo de Tolkien, insiste en que probablemente los conejos formen parte de la historia, por lo menos subconscientemente, debido a las múltiples ocasiones en que Bilbo es llamado «conejo» por otros personajes, como los trolls, Beorn y un Águila. Bilbo incluso se toma por un conejo cuando las Águilas vienen a buscarlo, y tiembla como tal cuando Thorin se enfada con él (*The Road to Middle-earth*, T. A. Shippey, p. 52).

¿NACIDO EN ESTADOS UNIDOS?

Algunos lectores que hicieron una conjetura aventurada sobre el origen de la palabra basándose tan sólo en su sonido, podrían haberse acercado a la solución. Una conocida novela de 1922 titulada *Babbitt,* de Sinclair Lewis, trata de un americano de una zona residencial que se aburre de su vida acomodada y opta por volverse un tanto aventurero, lo mismo que Bilbo Bolsón, el protagonista de *El Hobbit,* que se aburre de la vida limitada en la Comarca. El propio Tolkien admitió que existía una relación entre ambos relatos.

Sin embargo, estos retazos de explicación no contentaron a todos los lectores. Algunos estaban convencidos de que la palabra tenía más de una historia. Con el tiempo, los profesionales se sumaron a la cacería. En 1970, los editores del *Oxford English Dictionary* (en el que Tolkien había trabajado cincuenta años antes) decidieron incluir el término y resolvieron indagar su origen. Buscaron indicios en la literatura antigua y los remitieron a Tolkien. ¿Tal vez estaba relacionado con *hob*, un sinónimo de «rústico» o «payaso» que se remonta al siglo XIV? ¿O acaso con *hobgoblin* («duende»)? Tolkien no lo creía. Entonces un avispado investigador descubrió un libro de 1895 que reza: «La tierra entera estaba cubierta de fantasmas, trasgos, [...] hobbits y duendes.» Pero Tolkien jamás había leído ese libro, por lo menos que él recordara. Finalmente, el *Oxford English Dictionary* decidió atribuir a Tolkien el primer uso de la palabra para designar a los simpáticos habitantes de las madrigueras que conocemos y amamos.

Todo esto puede parecer mucho lío por una simple palabra, y los lectores que consagran su tiempo a este tipo de indagaciones pueden resultar algo excéntricos. Pero hay que admitir que es la clase de tarea a la que el propio Tolkien se habría dedicado.

Véase también:
Nombres

¿Qué lengua permitió despegar a Tolkien?

¿Te han sorprendido alguna vez leyendo a Tolkien cuando tenías otra cosa que hacer? No te desanimes: si Tolkien hubiera sido un alumno más aplicado, tal vez no habría escrito nunca *ESDLA*. Una inspiración fundamental para sus historias es un enigmático lenguaje que descubrió mientras evitaba hacer los deberes.

UNA PAUSA EN EL ESTUDIO

Para cuando entró en la Universidad de Oxford, Tolkien ya había inventado un puñado de idiomas y palabras nuevas para los que ya existían en el mundo. Un día en la biblioteca de la universidad, mientras se suponía que debía estudiar para los exámenes, dio con la gramática de una lengua que le interesó más que todas las demás. Posteriormente dijo que ése fue el «cohete» que lanzó sus historias (*Cartas de J. R. R. Tolkien,* selección de H. Carpenter con la colaboración de C. Tolkien, p. 252).

El idioma en cuestión era el finlandés. Se convirtió en la influencia más importante para sus lenguajes inventados, especialmente el quenya (alto élfico). Además, le remitió a un poema épico finlandés que había leído unos años antes en la traducción inglesa. Releyéndolo en la lengua original, sintió el impulso de escribir una épica similar para Inglaterra. Con el tiempo, sacó de él muchas referencias para sus propios relatos.

Un dibujo de 1847 muestra a Elias Lönnrot en un viaje para recopilar cuentos populares en el campo. El pie rezaba: «Un hombre solo, paseándose, nos ha proporcionado un patrimonio.»

La epopeya finlandesa se titula *Kalevala*. Es una compilación de canciones, poemas, historias y hechizos que fueron transmitidos por cantores populares hasta que un estudiante de lenguas los escribió durante las décadas de 1830 y 1840.

La historia de su creación encierra fascinantes paralelismos con la obra de Tolkien. Aunque actualmente se suele describir el *Kalevala* como la «epopeya nacional» de Finlandia, cuando se escribió ésta todavía no era una nación. La Finlandia moderna obtuvo la independencia hace menos de cien años, en 1917 (tres años después de que Tolkien encontrara el libro de gramática). Durante la mayor parte de los siete siglos anteriores, había sido dominada bien por su vecino del oeste, Suecia, bien por su vecino del este, Rusia. Su identidad cultural era, por tanto, incompleta.

El 28 de febrero, aniversario del día de la primera publicación del *Kalevala* en 1835, se celebra en Finlandia como el día del Kalevala.

Un centenar de años antes de que Tolkien empezara a escribir *ESDLA*, los académicos finlandeses comenzaron a pensar que los cuentos populares podían renovar la identidad finlandesa, de modo que se pusieron a compilarlos. La mayor contribución a este esfuerzo corrió a cargo de Elias Lönnrot (1802-1884). En el transcurso de dos décadas recopiló la mayor parte del *Kalevala*, organizó los capítulos e incluso le puso título. (*Kalevala* significa «La región de Kaleva». Se dice que un hombre llamado Kaleva fue el primer habitante de Finlandia y su primer héroe.)

Esta pasión por el finlandés —primero de Lönnrot, luego de Tolkien— fue la chispa que dio impulso a la obra de este último. Tolkien afirmó llanamente que sus historias de los principios de la Tierra Media empezaron como un intento de reescribir y mejorar el *Kalevala*. Con el tiempo tomó prestados muchos detalles de este libro.

Nombres. En parte porque el finlandés y el alto élfico son parecidos, algunos nombres del *Kalevala* se reproducen en las obras de Tolkien. Por ejemplo, el dios del mundo de Tolkien se llama Ilúvatar. *El Silmarillion*, las leyendas de la Primera Edad, empieza describiendo la creación del mundo por parte de Ilúvatar. El *Kalevala* comienza con la historia de Ilmatar, el espíritu que da forma a la tierra.

Temas. Un objeto mágico del *Kalevala* está emparentado con el Anillo Único de *ESDLA*. En la épica finlandesa, Ilmarinen, el herrero de los dioses, forja el Sampo, un molino que produce ingentes cantidades de grano, sal y dinero, generando una enorme riqueza y poder. Así como forjar el Anillo Único fue costoso para Sauron, construir el Sampo fue difícil hasta para Ilmarinen, que forjó los Cielos. Mientras trabaja, muchos objetos prodigiosos salen del horno —una ballesta mágica, un buque mágico, una barca mágica, un arado mágico—, pero ninguno de ellos es suficientemente bueno. Ilmarinen los vuelve a arrojar al fuego. Por último:

La tercera noche Ilmarinen,
inclinándose para ver sus metales,
en el fondo del horno,
ve aparecer el Sampo mágico,
ve la puerta de muchos colores.
Pronto el artista de Wainola
trabaja con las tenazas y el yunque,
golpea con un pesado martillo
y forja el Sampo con destreza;
por un lado se muele la harina,
por otro se elabora sal,
en un tercero se hace dinero,
y la puerta es multicolor.

Pero el Sampo no tarda en convertirse en una fuente de problemas. Una enconada rivalidad se entabla entre dos regiones sobre su posesión. El efecto del Sampo es parecido al del Anillo Único, que da lugar a corrupción moral y feroces combates.

Historias. Tolkien adaptó historias enteras del *Kalevala* a su mitología. Le interesó especialmente el relato del malvado Kullervo, al que utilizó como modelo para un personaje de *El Silmarillion* llamado Turin Turambar («Señor de la Muerte»). Los dos hombres son fugitivos; ambos se enamoran sin querer de sus hermanas, las cuales se suicidan; ambos buscan venganza reiteradamente, con sólo consecuencias trágicas, y, finalmente, ambos acaban sus días hablando a sus espadas y pidiéndoles que los maten.

Tolkien empezó a trabajar en el quenya en 1915, cuando tenía sólo veintitrés años, y pronto reunió un vocabulario de cientos de palabras. Ahora tiene muchas más. Hay quien ha escrito poemas enteros en quenya.

Nombres, personajes, temas, historias..., ecos de todos estos elementos del *Kalevala* pueden encontrarse en la obra de Tolkien. No obstante, la inspiración más importante para éste fue saber que alguien más había tenido éxito con una idea que él quería sacar adelante. Decía a menudo que sus novelas emanaban del deseo de inventar mitos para Inglaterra. Con esto se refería a que pretendía llenar un hueco en la historia de la literatura. Antes de que los anglosajones llegaran a Inglaterra desde Europa en el siglo V, Gran Bretaña era en su mayor parte celta. Todavía disfrutamos de los mitos celtas, como las leyendas del rey Arturo. Pero no satisfacían el interés de Tolkien por sus antepasados anglosajones. Por desgracia, los mitos anglosajones no son mucho mejores en este sentido, puesto que tratan más de Europa que de Inglaterra. (*Beowulf,* por ejemplo, está ambientado en Escandinavia.) Tolkien quería relatos anglosajones que tuvieran lugar en Inglaterra.

La labor de Lönnrot en el *Kalevala* demostró a Tolkien que un estudioso de las lenguas puede construir una mitología moderna a partir de una colección de leyendas. Como era típico en Tolkien, fue una lección que aprendió cuando se suponía que debía estudiar otra cosa.

Véase también:
Nombres

¿Cuántos lenguajes inventó Tolkien?

Es posible que tú y tus amigos hayáis hablado diciendo las sílabas al revés, o inventado palabras cuyo significado sólo vosotros conocíais. Tolkien también jugaba con palabras. Siendo niño, inventaba idiomas propios. Más tarde, hizo del estudio de las lenguas su profesión y siguió inventando lenguajes nuevos. Incluso atribuyó su obra como novelista al deseo de crear idiomas. Asegura en varias cartas y entrevistas que, para que una lengua funcione, necesita historias que contar. Por eso escribió las historias.

«Nuevo absurdo»

La fascinación de Tolkien por las palabras extranjeras comenzó temprano. Siendo niño, se sentía hechizado por los nombres galeses que veía en los vagones de carbón. En su adolescencia descubrió que compartía su interés con dos primos más jóvenes que él, quienes habían inventado un idioma llamado «animálico», basado en nombres de animales. Tolkien lo aprendió enseguida, y luego creó un nuevo lenguaje con uno de sus primos. Lo llamaron «nevbosh», que significa «nuevo absurdo». Era una mezcolanza de inglés, francés y latín, y consistía más en un juego privado que en un sistema ordenado. Su siguiente intento, el «naffarin», estaba más organizado. Se basaba mucho en el castellano, gracias al tutor español que cuidaba de él.

Entonces Tolkien descubrió el gótico, una antigua lengua europea que le fascinó durante años. Nadie habla el gótico en la actualidad, pero debido a su antigüedad contribuye a explicar muchos idiomas que le siguieron, entre ellos las formas primitivas del inglés y del alemán. Por diversión, Tolkien inventó nuevas palabras góticas a partir de fragmentos de otras ya existentes.

Abandonó el gótico al descubrir el finlandés, otra lengua poco conocida por entonces. (Finlandia aún no era un Estado independiente. Muchos finlandeses hablaban el sueco.) Tolkien se quedó embelesado por la gramática finlandesa. Poco después de encontrar un libro sobre el tema, empezó a inventar el quenya, el lenguaje alto élfico que tiene tanta importancia en *ESDLA*.

Entre las lenguas que Tolkien conocía estaban el griego antiguo, latín, gótico, nórdico (islandés) antiguo, sueco, noruego, danés, anglosajón (inglés antiguo), inglés medio, alemán, holandés, francés, castellano, italiano, galés y finlandés.

TRABAJANDO CON LAS PALABRAS

Para entonces, Tolkien sabía que sería catedrático de lenguas. Incluso durante su servicio en el ejército, que interrumpió su carrera, estuvo centrado en los idiomas. Se especializó en comunicaciones, aprendiendo el código Morse y otros sistemas de la época.

Para sus estudios académicos, eligió el anglosajón (inglés antiguo). Sentía un vínculo con él que creía que era consecuencia de sus antepasados anglosajones.

En 1919 y 1920 contribuyó en la edición del *Oxford English Dictionary,* que señaló como la mayor experiencia de aprendizaje de su carrera. El supervisor del proyecto quedó sumamente im-

Uno de los lenguajes que Tolkien tuvo que aprender para servir en el ejército era el «semáforo», en realidad un alfabeto formado por señales con banderas. Se usaba para emitir mensajes a larga distancia antes de popularizarse la radio.

presionado por su talento: «Su trabajo demuestra un extraordinario dominio del anglosajón y de los hechos y principios de la gramática comparada de las lenguas germánicas. No vacilaría en afirmar que jamás he conocido a un hombre de su edad que fuese su igual en estos aspectos» (*J. R. R. Tolkien: una biografía*, H. Carpenter, p. 117).

SUS LENGUAJES Y SUS NOVELAS

La mayoría de los escritores pasan el tiempo intentando dar con la palabra adecuada, pero la dedicación de Tolkien al lenguaje era mucho más intensa. A menudo interrumpía la redacción de un relato para indagar la historia de un término, aun cuando sabía que no tendría demasiado significado para nadie excepto él. Tenía que conocerla antes de poder reanudar la narración.

Una razón que explica todo este trabajo es que Tolkien quería que los idiomas que inventaba imitaran en cierto modo las lenguas reales. Sabía que éstas se influyen entre sí, compartiendo palabras y gramática a medida que sus hablantes se mezclan. Quería que las lenguas de la Tierra Media mostraran la misma clase de evolución según la historia de ese territorio. La relación entre el quenya (alto élfico) y el sindarin (élfico gris) es un buen ejemplo de ello. El quenya es el lenguaje antiguo de los elfos, al que Tolkien se refiere a veces en sus cartas como latín

Para cuando Tolkien empezó a trabajar en el *Oxford English Dictionary,* el proyecto ya había llegado a la letra «W». Entre los términos que le asignaron estaban *warm* («caliente»), *wasp* («avispa»), *water* («agua») y *winter* («invierno»). Las fuentes que encontró para esas palabras todavía figuran en el diccionario.

élfico. Así como el latín se considera obsoleto en nuestro mundo, exceptuando su uso en ceremonias como asambleas universitarias o la misa católica, en tiempos de la aventura de Frodo en *ESDLA* el quenya se emplea principalmente para ocasiones protocolarias en la Tierra Media. El sindarin es utilizado por los elfos grises (sindar) de la Tierra Media. Tolkien pretende que la relación del quenya con el sindarin sea la misma que la que vincula el latín con las lenguas celtas y galesas que se usaban en Gran Bretaña cuando llegaron los romanos. Esto encaja con la historia del sindarin en la mitología tolkieniana: es más autóctono de la Tierra Media que el quenya. Pero algunos fragmentos del quenya se han introducido en el sindarin, igual que el latín se introdujo en las lenguas de Gran Bretaña.

LOS ALFABETOS DE LA TIERRA MEDIA

Además de crear lenguajes, Tolkien inventó alfabetos. Algunos de ellos guardan relación con antiguos alfabetos reales de nuestro mundo.

En la Tierra Media existen dos tipos fundamentales de escritura. Las *tengwar* («letras») se escriben, como la inscripción del Anillo. Las *cirth* («runas») se graban o esculpen.

Tolkien estaba muy familiarizado con las runas, debido a su formación en inglés antiguo. Fueron el primer alfabeto usado en el norte de Europa. Apareció en el siglo III, y se utilizó durante más de mil años. Todavía pueden encon-

Tolkien creía que el sonido de cada lenguaje inventado está relacionado con el carácter del pueblo que lo habla. Por ejemplo, el alto élfico (quenya) y el élfico gris (sindarin) se basan en lenguas que consideraba hermosas (finlandés y galés). Esto encaja con la simpatía que sentía por los elfos. En cambio, la lengua negra, utilizada por Sauron y sus seguidores de Mordor, tiene un sonido desagradable.

trarse en Gran Bretaña, Escandinavia e Islandia. Su nombre proviene de la voz gaélica *rûn* («secreto»). Se dice que son un regalo de los dioses. Según una leyenda, el dios nórdico Odín se colgó durante nueve días del Yggdrasil, el gigantesco fresno que sostiene la tierra, el cielo y el infierno, hasta que finalmente logró comprender las runas. Se supone que su esfuerzo demuestra el valor del conocimiento. Cuando empezaron a emplearse las runas, apenas nadie sabía leer y escribir. Quienes comprendían las runas eran considerados magos y se les pedía a menu-

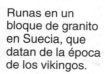

Runas en un bloque de granito en Suecia, que datan de la época de los vikingos.

do que las usaran para ver el futuro. Lo mismo ocurre en *ESDLA*. El conocimiento de las runas por parte de Gandalf impresiona a los demás miembros de la Comunidad.

Hablan los entendidos

Los expertos no están de acuerdo sobre el número exacto de lenguas que Tolkien inventó para la Tierra Media. La divergencia de opiniones se debe a las distintas definiciones. ¿Puede hablarse de una lengua si Tolkien se limitó a asignarle un puñado de palabras? ¿Y si se refería a un idioma en una historia escrita mucho después de *ESDLA*?

Ruth S. Noel, experta en Tolkien, cuenta «por lo menos catorce» lenguajes inventados en *ESDLA*. Helge Kåre Fauskanger, otra experta, encuentra fragmentos de, y referencias a, varios más, quizá tantos como veintiuno.

Tolkien sabía que esos idiomas inventados desconcertarían a muchos lectores. En más de una ocasión comentó que le parecía extraño dedicar tanto tiempo a esos detalles. Sin embargo, sin inmutarse demasiado por las opiniones ajenas, siguió satisfaciendo su inclinación. En realidad, no podía dejar de hacerlo. Limitarse a inventar personajes y contar una historia no colmaba su deseo de crear. Pocos escritores sentirían la necesidad de inventar idiomas para sus personajes; pero, para Tolkien, constituía una parte esencial de la narración.

Una runa en forma de la letra «y» moderna tiene el sonido «th» (en inglés) y es el origen de rótulos como «Ye Olde Shoppe» («La Vieja Tienda»). La pronunciación correcta de «Ye» en este caso no difiere de la del artículo inglés «The».

Véase también: **Nombres**

¿Podría ser más mágica la Tierra Media?

Muchísima gente trata de comparar a J. R. R. Tolkien con J. K. Rowling, sólo porque ambos cuentan historias sobre mundos imaginarios habitados por magos. En realidad sus respectivos relatos no se parecen demasiado. Harry Potter vive en un mundo lleno de magia: hechizos, varitas, pociones y escobas voladoras. En el universo de Tolkien, los magos (y demás personajes) de la Tierra Media practican muy poca magia. De hecho, Tolkien niega que la magia sea importante en su mundo. Insistió en que emplea la palabra «mago» para designar algo «enteramente diferente de "hechicero" o "brujo"» (*Cartas de J. R. R. Tolkien,* selección de H. Carpenter con la colaboración de C. Tolkien, p. 188).

Con todo, en sus libros existen ejemplos de magia, entre ellos los siguientes:

- El Anillo hace invisible a su portador.
- Aragorn sabe utilizar la planta curativa *Athelas* («hojas de reyes»).

- Las *palantiri* (piedras videntes) permiten ver mágicamente a través del espacio y el tiempo.

Algunos de estos ejemplos son cruciales para la trama. ¿Cómo los justifica Tolkien?

Con el debido respeto, Tolkien no responde a la pregunta con claridad. En una carta escrita después de la publicación de *ESDLA*, Tolkien teme ser «poco formal» al referirse a la magia en el libro, y sobre todo al denominarla «magia». Afirma que la cuestión es «muy amplia y difícil» (*Cartas de J. R. R. Tolkien*, selección de H. Carpenter con la colaboración de C. Tolkien, p. 234).

Un problema es que *ESDLA* se cuenta desde el punto de vista de los hobbits. Como Tolkien dice en el prólogo, «los hobbits jamás han estudiado magia de ninguna índole» (*El Señor de los Anillos*, p. 13). Tampoco saben gran cosa sobre los elfos o los hombres. Así pues, lo que para ellos parece magia —como la facultad de sanar de Aragorn— podrían ser conocimientos superiores en vez de encantamientos. Ni siquiera Galadriel logra entender por qué los hobbits creen que los elfos son mágicos, como dice a Sam cuando le muestra su Espejo.

Además, algunos personajes, como Gandalf y Saruman, que parecen utilizar hechizos mágicos, fueron en realidad creados como seres sobrenaturales por Ilúvatar, el dios del mundo tolkieniano. Sus dones, recibidos de Dios, son algo muy distinto a la magia.

Estas explicaciones no abarcan todos los ca-

La facultad del Anillo de volver invisible a su portador procede del cuento de hadas preferido de Tolkien en su niñez. En ese relato, el héroe Sigurd lleva un casco mágico de oro que le hace invisible, al tiempo que trata de conseguir un anillo maldecido por un enano muy parecido a Gollum. (Véase **Gollum**.)

sos, puesto que Tolkien desarrolló la filosofía de la Tierra Media con el tiempo y no como parte de un plan. No es justo esperar de él que sea perfecto. Sin embargo, generalmente se puede suponer que Tolkien quiso limitar la magia en la Tierra Media. No pretendió que sus personajes levantaran torres blandiendo una varita mágica, ni volaran hasta el Monte del Destino esparciendo polvos mágicos. Quería que la vida en la Tierra Media fuese difícil. Quería que la misión de la Comunidad de destruir el Anillo Único resultara ardua y peligrosa. Eso es lo que le da valor.

La facultad de Aragorn de curar con lo que parece magia es compartida por otros reyes legendarios, entre ellos Carlomagno y Arturo. Se consideraba un don divino.

Véase también:
Gandalf

¿Cómo creó Tolkien los nombres?

Tolkien se pasó la vida desmontando palabras para averiguar cómo funcionaban. Se puede aprender mucho haciendo lo mismo con sus términos, sobre todo con los nombres.

ATRAPADO EN UNA RED DE PALABRAS

Muy a menudo, Tolkien inventaba nombres a partir de la raíz de palabras antiguas que descubría estudiando lenguas. Un ejemplo es el nombre original de la araña gigante *Ella-Laraña*, *Shelob*. En inglés antiguo, *lob* significa «araña», y Tolkien le añadió el pronombre *she* («ella») para designar una araña hembra. A veces sacaba nombres de textos antiguos. Por ejemplo, *woses*, el nombre que da en el original de *ESDLA* a los hombres salvajes de la Tierra Media, es una abreviatura de *wodwos,* un término de inglés antiguo que designa los legendarios hombres salvajes del bosque. Muchos de los nombres que

Tolkien pronunciaba su apellido «Tolkín» en lugar de «Tolkin».

aparecen en *El Hobbit* proceden de una lista de enanos que figura en un poema nórdico de la antigüedad. «Gandalf» —que significa «elfo hechicero»— proviene de esa lista.

Tolkien se inspiró también en lo que encontraba a su alrededor al crear el paisaje de la Tierra Media. Thomas Shippey, experto en Tolkien, dice: «Cinco minutos con el *Oxford Dictionary of Place-Names* [Diccionario Oxford de Topónimos], *English River Names* [Nombres de ríos ingleses] de E. Ekwall o el *Dictionary of British Surnames* [Diccionario de apellidos británicos] de P. H. Reaney darán explicación a la mayoría de nombres hobbíticos de toda clase, y lo mismo puede afirmarse, a un nivel más científico, del resto de la Tierra Media» (*The Road to Middle-earth*, T. A. Shippey, pp. 78-79).

«Tolkien» procede de la palabra alemana que significa «temerario». Al parecer, el nombre fue asignado a la familia tras una audaz aventura militar de uno de los antepasados de Tolkien. Éste no estaba convencido de que la historia fuese cierta y no se sentía identificado con ese nombre.

SE LLAMABA BINGO

En algunos casos, a Tolkien se le ocurrían nombres en un instante. Otras veces, sin embargo, llevaban cierto tiempo. El mejor ejemplo de un nombre que apareció gradualmente puede ser «Frodo». El nombre inicial de nuestro héroe era más ridículo, adecuado a sus orígenes de hobbit. Se llamaba «Bingo Bolger-Baggins», que podría hacer imaginárnoslo saltando hacia el Monte del Destino sobre unos muelles. Los «Bingos» era el nombre que los hijos de Tolkien pusieron a sus muñecos de peluche favoritos, unos koalas de juguete.

Tolkien escribió un fragmento de *ESDLA* usando «Bingo Bolger-Baggins», resistiéndose a cambiarlo aunque tenía la sensación de que no encajaba. Pero a medida que el tono del relato iba volviéndose más serio, se dio cuenta de que debía abandonarlo. Por fortuna, tenía a su alcance un nombre mejor. Ya había asignado el nombre de «Frodo» a uno de los compañeros de viaje de Bingo. Tolkien sabía que ese nombre tiene un origen noble. Mencionado brevemente en la épica anglosajona *Beowulf*, se refiere al rey de una saga nórdica. (En la lengua nórdica antigua se escribe «Froda».)

Froda fue coronado rey en la época en que César Augusto imponía la paz en todo el mundo, en el momento en que nació Jesús. Pero puesto que Froda era el más poderoso de todos los monarcas de las tierras septentrionales, allí donde se hablaba el danés se conoció la tregua por su nombre: «la Paz de Froda». Ningún hombre agredía a otro, aunque se encontrara cara a cara con el asesino de su padre o su hermano. Tampoco robaba nadie, de modo que un anillo de oro permanecía intacto durante años en el páramo de Jalangr.

A Tolkien le gustaba inventar nombres divertidos a partir de frases curiosas. Un rótulo que rezaba *Bill Stickers will be Prosecuted* («Los que fijen carteles serán procesados») dio lugar a cuentos sobre un tal «Bill Stickers». Otras historias tenían como protagonista a un ex militar cuyo nombre fue sacado de una señal en una calle: *Major Road Ahead* («Vía preferente delante»).

Las analogías con la historia de Tolkien son evidentes: tanto el rey islandés como el Frodo de Tolkien pretenden instaurar la paz, y su ejemplo es tan extraordinario que su gente resiste la tentación de un anillo de oro. Tolkien incluso desliza una frase de la saga nórdica en *ESDLA*: hablando sobre el Anillo, Faramir dice en dos ocasiones a Frodo que no cogería el Anillo aunque lo encontrase tirado en la orilla del camino (*El Señor de los Anillos*, pp. 724, 735).

Aparte de estas relaciones con la leyenda, a Tolkien le gustó el significado del nombre: «el sabio». Así pues, su Portador del Anillo pasó a llamarse «Frodo».

Otros nombres ofrecen ejemplos de las distintas fuentes de inspiración de Tolkien:

Bolsón Cerrado (*Bag End*). Una de las tías de Tolkien residía al final de una calle que los lugareños llamaban Bag End. Es un modo deliberadamente informal (y por consiguiente hobbítico) de decir *cul-de-sac* (literalmente, «fondo de bolsa»), que significa «callejón sin salida». (Los pretenciosos parientes de Bilbo, los Sacovilla-Bolsón, recuperaron este estrambótico nombre.)

Grieta del Destino (*Crack of Doom*). Esta expresión, que Tolkien conocía de *Macbeth*, de Shakespeare, entre otras fuentes, se refiere a una señal —el estampido de un trueno (*crack of thunder*) o un toque de trompetas— que anuncia la llegada del Juicio Final, como se dijo en la Biblia. Tolkien dio a la palabra *crack* el sentido de grieta, una hendidura en el Monte del Destino donde el Anillo debía ser destruido. (Como observa la erudita Ruth S. Noel, el esfuerzo de Frodo por alcanzar la Grieta del Destino viene a ser como el día del Juicio Final para la Tierra Media.)

¿Creerías que Aragorn comenzó siendo un hobbit? El personaje se le ocurrió a Tolkien de repente, cuando ya llevaba mucho tiempo escribiendo *ESDLA*, como un extraño hobbit llamado «Trotter». Durante largo tiempo, Tolkien temió que no podría imaginar la identidad del reservado desconocido. Pero finalmente el hobbit se transformó en un hombre y «Trotter» se convirtió en «Trancos».

Gamyi, Samsagaz (Gamgee, Samwise). El apellido corresponde al doctor Samuel Gamgee, inventor del tejido de Gamgee, una gasa absorbente que se utiliza en medicina. Era un héroe local en Birmingham antes de que Tolkien se mudara allí siendo niño. «Samsagaz» es la traducción de una voz del inglés antiguo que significa «medio sabio» o «medio ingenio». Describe a Sam cuando lo conocemos por primera vez, no al compañero verdaderamente juicioso en que se convierte.

Marca. La tierra de los Jinetes de la Marca proviene de Mercia, el reino anglosajón que se extendía en la región actual de Birmingham y Oxford.

Montañas Nubladas. Esta expresión está tomada de las leyendas nórdicas. Sugiere un lugar lleno de peligros ocultos en la penumbra.

Mordor. El nombre del reino de Sauron, que significa «Tierra Tenebrosa» en el lenguaje de los elfos grises inventado por Tolkien, procede de la palabra del inglés antiguo *morthor*, que equivale a «pecado mortal» o «asesinato».

Nazg. Esta palabra, que significa «anillo» en lengua negra, aparece en la inscripción del Anillo Único y en un nombre de los Jinetes Negros, «Nazgûl» («espectro del anillo»). En nuestro mundo, es la voz gaélica que designa «anillo». Sorprendentemente, Tolkien no cayó en esta circunstancia —por lo menos conscientemente— hasta mucho después de terminar *ESDLA*.

Rohan. Es el apellido de una célebre familia francesa. Su historia guarda relación con la polí-

En 1973, *El Hobbit* se tradujo al islandés, una de las lenguas favoritas de Tolkien. Esto le complació muchísimo. Comentó que el islandés vendría mejor a la historia que cualquier otro idioma. Muchos de los nombres que utilizó, como «Gandalf», fueron tomados del nórdico antiguo (islandés antiguo).

tica y la guerra, pero Tolkien eligió la palabra porque le gustaba. No pretendía insinuar nada al utilizarla.

Saruman. Del término del inglés antiguo *searu*, que significa «tramposo» o «astuto».

Sauron. De una antigua palabra nórdica que significa «detestable» o «abominable».

¿QUÉ HAY DETRÁS DE UN NOMBRE?

Tolkien consideraba todos estos nombres como rompecabezas. Se divertía trabajando con ellos, aunque no hicieran avanzar la trama. Refiriéndose a los topónimos, Thomas Shippey comenta que el tiempo que Tolkien les consagró «parece desperdiciado en gran parte», porque no todos los nombres son importantes en el contexto de la historia (*The Road to Middle-earth*, T. A. Shippey, pp. 78-79). Sin embargo, añade Shippey, tuvieron una utilidad. Los mapas y nombres contribuyen a que la Tierra Media parezca más real.

Lo que Shippey afirma sobre los topónimos es aplicable también a los nombres de personajes y cosas. Todos ellos confieren al *ESDLA* el aspecto de una historia verdadera, como Tolkien pretendía.

Siendo niños, Tolkien y su hermano recogían *bilberries* («arándanos») cerca de su casa en las afueras de Birmingham. Quizás esa palabra le sirvió de inspiración para inventar el nombre de Bilbo.

Véanse también:
Ents
Hobbits
Lenguajes
Orcos

¿Cómo se volvieron tan feos los Orcos?

Muchas de las desagradables criaturas que sirven a Sauron y Saruman trabajan y viven en un abrasador infierno subterráneo. Esto les conviene a las mil maravillas. No sólo es su origen según la historia de la Tierra Media, sino que además es su origen en la imaginación de Tolkien.

Su nombre proviene del dios romano del infierno, Orco, que es también la palabra latina que designa el propio averno. Tolkien no fue el primero en utilizarlo para describir los monstruos. Una forma del inglés antiguo, que significa «ogro» o «demonio», aparece en *Beowulf*. Durante mucho tiempo designó un monstruo marino, como en este relato de una leyenda sobre un caballero de Carlomagno: «El horrible monstruo no se parecía a nada que la naturaleza haya producido. Era una masa de carne que se sacudía y retorcía, sin nada del animal más que cabeza, ojos y boca, esta última provista de colmillos como los del jabalí.» Ese orco se basaba probablemente en las historias de ballenas asesinas, que

Orcos

El poeta William Blake (1757-1827) también empleó la palabra «orco». En la mitología que creó, Orco es el hijo rebelde de una pareja de los primeros espíritus.

ahora reciben el nombre de «orca» (del latín *Orcinus orca*).

Los orcos de Tolkien son más parecidos a los enanos de la leyenda. Aparecen por primera vez en *El Hobbit* como «trasgos». Tolkien se inspiró en unas criaturas de los cuentos de George Macdonald, un autor de novelas de fantasía popular escritas unas décadas antes de que naciera Tolkien. En *The Princess and the Goblin* [La princesa y el trasgo], Macdonald presenta esta versión:

El monstruo marino orca (del latín *orca*), reproducido en un grabado de 1539.

Corría por el país la leyenda de que en otro tiempo vivían sobre el suelo y eran como las demás personas. Pero por una u otra razón se habían refugiado todos en cavernas subterráneas, de las que sólo salían por la noche. [...]

Habían cambiado mucho en el transcurso de varias generaciones; y no es de extrañar, teniendo en cuenta que vivían alejados del sol, en lugares fríos, húmedos y oscuros. No eran sólo feos, sino absolutamente repugnantes o ridículamente grotescos en el aspecto de su cara y su forma. [...] Y mientras que su cuerpo se deformaba, habían evolucionado en conocimiento e inteligencia, y ahora eran capaces de hacer cosas que ningún mortal se atrevería a probar. Pero al mismo tiempo que ganaron en ingenio, también aumentó su maldad [...] y poseían una fuerza igual a su astucia.

Al final, los trasgos de Macdonald demuestran que no son tan malos y se les puede engañar fácilmente. Los trasgos de Tolkien en *El Hobbit* son también fáciles de vencer.

Para *ESDLA*, Tolkien creó unos trasgos mucho más repugnantes de lo que Macdonald llegó a imaginar.

Pero conservó una característica que se remonta a las mismas leyendas que inspiraron originariamente a Macdonald. Los orcos empiezan su existencia como otra especie y se deforman con el tiempo al vivir bajo tierra. Son como demonios formados por el fuego del infierno. Tolkien adaptó esta vieja idea a los primeros años de su historia de la Tierra Media: en su versión, el amo de Sauron, Melkor, el primer Señor Oscuro, crió a los orcos a partir de los elfos que ha-

Los trasgos de Macdonald son célebres por tener una debilidad particular: los pies delicados. Tolkien hizo caso omiso de esa parte de la historia a propósito.

bía capturado y encerrado en mazmorras subterráneas, usando «artes lentas de crueldad» para convertirlos en orcos (*El Silmarillion*, p. 50). Así pues, los orcos presentan un aspecto repulsivo porque Melkor los hizo así. Y podemos presumir que seguramente le gustaban así.

Véanse también:
Elfos
Sauron
Silmarillion, El

¿Creen los Hobbits en Dios?

Con tantas grandes fuerzas luchando en pos del Anillo, uno podría preguntarse por qué Frodo nunca reza pidiendo ayuda al mayor poder de todos. De hecho, apenas hay ninguna oración ni otro ritual en *ESDLA*. Se podría leer el libro entero y preguntarse si Tolkien o sus criaturas creían en Dios. Pero, sin lugar a dudas, existe mucha religión en *ESDLA*. Tolkien afirma que es «una obra fundamentalmente religiosa y católica» (*Cartas de J. R. R. Tolkien,* selección de H. Carpenter con la colaboración de C. Tolkien, p. 203). Así pues, ¿por qué nadie pide ayuda a Dios para derrotar a Sauron?

Tolkien quería que el libro mostrara la religión en lugar de hablar de ella. Cuando Frodo es clemente con Gollum, a pesar de la tentación de actuar de otro modo, demuestra la fe de Tolkien en la compasión y el perdón. Cuando Frodo prosigue su camino hacia el Monte del Destino a pesar de sus persistentes inquietudes, demuestra la fe de Tolkien al confiar en un designio divino. Otros personajes exhiben las mismas cualidades y se enfrentan a las mismas pruebas.

Algunos temas principales también aportan ideas religiosas. El dolor y el pesar que experimentan los elfos por tener que vivir eternamente demuestra que, desde el punto de vista de Tolkien, los hombres tienen suerte de ser libres de esa angustia. Cuando Melkor y Sauron tratan de actuar como dioses en la Tierra Media, nunca consiguen crear algo original y tienen que deformar algo hecho por Dios, como cuando transforman elfos en orcos. Sólo el Dios único, Ilúvatar, posee el poder de crear.

La religión de Tolkien influye en todas y cada una de las páginas de *ESDLA*. Si no lo ves, no te preocupes: eso es precisamente lo que Tolkien pretendía. Quería ser sutil. Incluso urdió la ausencia de ceremonias religiosas en la trama. Los hombres de Gondor evitan la religión porque temen repetir su pasado error de adorar a Sauron.

Véanse también:
Galadriel
Gandalf

Puede que los hombres y los hobbits no conozcan a Ilúvatar, Dios de la Tierra Media; pero, en la visión de Tolkien, la Tierra Media es muy suya.

¿Por qué Sauron puede aparecer como un ojo?

Aunque existen algunas referencias en *ESDLA* al hecho de que Sauron posee un cuerpo (excepto el dedo que perdió cuando le arrebataron el Anillo), por lo general aparece en la inquietante forma de un ojo que lo ve todo. Frodo ve el ojo en el Espejo de Galadriel, y se asusta tanto que es incapaz de hablar o moverse. Los orcos de la Torre Oscura usan un ojo rojo como distintivo y se refieren a Sauron como el Gran Ojo sin Párpado.

Sauron

EL OJO INQUISIDOR

Las leyendas están repletas de dioses y demonios con un solo ojo. Por lo general son versiones más modernas de los dioses del sol de la historia antigua, como el egipcio Ra. Los dioses del sol (y de la luna) figuran en casi todas las culturas, desde Mesopotamia (Irak) hasta las Américas.

Los monstruos con un solo ojo, como los cíclopes con que se encuentra Hércules en la *Odisea,* son también comunes en la leyenda. Pero no deben confundirse con dioses como Ra u Odín.

A menudo, esos dioses con un solo ojo pueden verlo todo. No es posible ocultarles nada, como no se puede escapar de la luz del sol. Gollum evita el sol y la luna, porque le recuerdan el ojo de Sauron.

Incluso las versiones más recientes de dioses del sol suelen conservar sus poderes originales. En la mitología celta, por ejemplo, el dios Balar tenía un ojo abrasador que era capaz de destruir ejércitos enteros de una sola vez. (Tolkien emplea este nombre en la Bahía de Balar y la Isla de Balar.)

Jeroglíficos representando una ofrenda al dios del Sol, Ra.

¿Ojo por ojo?

Un dios legendario con un solo ojo, que era originariamente un dios del Sol, jugó un papel fundamental en la creación del personaje de Sauron. Como se ha dicho anteriormente, Odín, el dios principal de la mitología nórdica, fue una importante fuente de inspiración para Tolkien a la hora de crear a Sauron. Dio origen al Nigromante de *El Hobbit*, que posteriormente se convertiría en el Señor Oscuro de *ESDLA*.

Odín suele llevar un sombrero de ala ancha para taparse el ojo que le falta, para que la gente no sepa que es un dios.

Odín pide a Mimir que le deje beber del pozo del conocimiento.

De las muchas leyendas sobre Odín, es posible que el relato sobre cómo perdió un ojo sea la más importante, puesto que revela el origen de su poder. Siempre inquieto y en busca de más sabiduría y experiencia, Odín decide beber de un pozo especial que contiene la sabiduría del mundo. Pero ese pozo, situado al pie del gran árbol que sostiene el mundo, es custodiado por el gigante Mimir, quien promete dar a Odín sólo un sorbo de agua: la que cabe en un cuerno. Y para obtenerla, Odín debe hacer un enorme sacrificio: renunciar a uno de sus ojos. Lo medita y finalmente acepta. Entrega el ojo, bebe del pozo y luego, tal como imaginaba, adquiere la sabiduría que le ayuda a convertirse en el más grande de los dioses nórdicos. A partir de entonces suele aparecer como un anciano con un solo ojo centelleante.

¿Qué es lo peor de Sauron?

Viendo cómo trata Sauron la Tierra Media, es fácil pensar que disfruta dando órdenes a los demás o destruyendo lo que Ilúvatar, el Dios de la Tierra Media, ha creado. Pero, en opinión de Tolkien, ésas no son sus características negativas, sino simples indicios de algo peor.

El peor pecado de todos

Sauron cree que es especial porque posee una serie de talentos mayor que los demás espíritus creados por Ilúvatar. Mientras que la mayoría de ellos han heredado sólo una o dos partes del carácter del Dios de la Tierra Media en su personalidad, Sauron tiene un poco de todas las partes. Y está orgulloso de ello, lo que es un error. Parece olvidar que todos esos talentos son dones de Ilúvatar, y

Sauron

147

que los de éste son todavía superiores. A causa de su orgullo, Sauron va demasiado lejos y trata de asumir el papel de Dios.

Tolkien afirma que el mensaje más importante de *ESDLA* «se centra en Dios y Su derecho exclusivo al divino honor» (*Cartas de J. R. R. Tolkien*, selección de H. Carpenter con la colaboración de C. Tolkien, p. 286). Sostiene que Dios merece ese honor porque sólo Él es capaz de crear. Pero Sauron quiere compartirlo.

Así pues, Sauron no sólo es malvado porque destruye, sino también porque trata de crear. En realidad, ni siquiera necesita destruir para estar satisfecho. Tan sólo desea reinar como Creador en su mundo y ser adorado como tal.

EL ÁNGEL CAÍDO

A menudo se dice que Sauron se parece a la figura bíblica de Satanás. (Brevemente, la historia dice que Satanás es un ángel caído. Se atreve a desafiar a Dios y engaña a Adán y Eva para que le desobedezcan. Como consecuencia de ello, la pareja es expulsada del Paraíso.) El crítico Randel Helms considera que las historias de Sauron y Satanás coinciden «punto por punto». Unos miles de años antes de comenzar *ESDLA*, Sauron induce a un grupo de hombres a desafiar a los espíritus angélicos. Como consecuencia, la hermosa isla donde residen los hombres es destruida. Los pocos humanos que sobreviven son enviados a la Tierra Media, como Adán y Eva fueron expulsados del jardín del Edén.

Esta comparación es lícita. No obstante, cuando Tolkien consideró las peores acciones de Sauron, encontró un modo de vencer su indignación. Sintió compasión por él, como la había tenido con Gollum. En el mundo de Tolkien, incluso los peores actos pueden recibir el perdón. Por ejemplo, el Valar que da forma a los enanos también trata de ser un Creador, pero como se arrepiente de ese pecado, Ilúvatar le recompensa dando vida a los enanos.

Tolkien jamás olvidó la lección que aprendió sobre Satanás: éste no siempre fue malo, ni era del todo perverso. Del mismo modo, Sauron no po-

Adán y Eva son expulsados del Edén después de dejarse engañar por Satanás y desafiar a Dios, como los numenoreanos fueron echados de su paraíso insular tras creerse las mentiras de Sauron.

Véanse también:
Enanos
Gondor
Religión
Silmarillion, El

día ser el mal absoluto. Tolkien expone incluso esta filosofía explícitamente en *ESDLA*: «nada es malo en el principio». Elrond Medio Elfo anuncia a la Comunidad: «Ni siquiera Sauron lo era» (*El Señor de los Anillos*, p. 289).

¿Quién fue el primer Señor Oscuro de Tolkien?

Muchos autores se inspiran en la mitología o la literatura antiguas, pero Tolkien fue todavía más lejos. Inventó sus propias leyendas antiguas sobre la creación de la Tierra Media, y luego se basó profusamente en ellas a la hora de escribir *ESDLA*.

Durante más de dos décadas desde la primera aparición de *ESDLA*, los admiradores esperaron ansiosamente la publicación de esas leyendas de la Primera Edad. Cuando por fin se editó *El Silmarillion*, unos años después de la muerte de Tolkien, los lectores se quedaron asombrados por lo que éste había imaginado y cómo lo había relacionado con *ESDLA*.

De repente, muchos acontecimientos importantes de la Tercera Edad de la Tierra Media resultaban claros. Lo más interesante era los relatos sobre un Señor Oscuro todavía más poderoso y perverso que Sauron.

Silmarillion, El

Así como *ESDLA* es supuestamente una traducción de los diarios de Bilbo y otros textos, Tolkien afirma que *El Silmarillion* proviene de unos libros élficos que Bilbo encontró.

Los paralelos entre *El Silmarillion* y *ESDLA* son fascinantes y reveladores, empezando por los objetos que ocupan el centro de ambas historias. *El Silmarillion* recibe su nombre de los Silmarils, tres hermosas joyas hechas por los elfos. Al igual que los Anillos de Poder de *ESDLA*, los Silmarils son obra de los elfos por el mismo motivo: quieren conservar algo hermoso. En *ESDLA*, desean preservar determinados aspectos de la Tierra Media; en *El Silmarillion*, quieren capturar la luz de los Dos Árboles de Valinor, magníficas creaciones que relucen y se apagan, alternativamente, en un ciclo de doce horas. En otro paralelismo, tanto los Anillos del Poder como los Silmarils tienen cualidades especiales porque encierran fuerzas poderosas. El Anillo Único que Tolkien creó para *ESDLA* es la imagen invertida de los Silmarils: contiene la esencia del Señor Oscuro, un giro de ciento ochenta grados respecto a las joyas, que encierran luz.

El uso que hace Tolkien de sus propias leyendas en *ESDLA* incluye personajes copiados de los originales de *El Silmarillion*, y también en este aspecto la Primera Edad revela muchas cosas sobre la Tercera Edad. El papel materno de Galadriel en *ESDLA* es similar al desempeñado por Varda, una de las fuerzas angélicas que dan forma a la Tierra Media, en *El Silmarillion*. (En épocas de gran peligro, se solicita ayuda a Varda llamándola por sus otros nombres: «¡*A Elbereth Githoniel!*») Los obstáculos a los que se enfren-

Tolkien tenía previsto publicar su mitología después de *El Hobbit*, pero sus editores consideraron que una colección de leyendas sería demasiado distinta de la aventura de la que los lectores habían disfrutado en el primer libro. Y, quizá más importante, las historias no contenían hobbits. Así pues, Tolkien se puso a trabajar en el relato que se convertiría en *ESDLA*.

tan Aragorn y Arwen en *ESDLA* son parecidos a los que se interponen en el camino de Beren y Lúthien en *El Silmarillion*. De hecho, se dice que Arwen es idéntica a Lúthien, como si fuese el mismo personaje. Incluso la araña gigante *Ella-Laraña* de *ESDLA* tiene su réplica en *El Silmarillion:* la perversa *Ungoliant*.

En todos estos casos, el personaje de *El Silmarillion* es más imponente y poderoso que su versión en *ESDLA*. Lo cual tiene sentido: *El Silmarillion* trata de las grandes fuerzas que crean y dan forma a todo el universo, no sólo a la Tierra Media. Empieza antes incluso de que exista el universo y luego describe su creación paso a paso.

El personaje de *El Silmarillion* cuyo papel es paralelo al de Sauron en *ESDLA* muestra al igual un poder y un mal aumentados. Se trata de Melkor, el primer Señor Oscuro, también conocido como el Primer Enemigo. (Los elfos le denominan «Morgoth», un nombre que le atribuyó el elfo que creó los Silmarils. Significa «el Enemigo».) Como los Valar que dan forma a la Tierra Media, Melkor es un espíritu angélico. De hecho, es el espíritu más poderoso de todos. Mientras los demás fueron creados por el Dios del mundo de Tolkien, Ilúvatar, de una sola parte de su personalidad, Melkor posee un poco de todas las partes. Estos dones especiales le inducen a creer que es tan poderoso como Ilúvatar. Aquí empiezan los problemas. Pronto trata de actuar como un dios.

De las muchas maldades que Melkor comete, las peores se derivan de su anhelo por poseer los Silmarils, que viene a ser como el deseo del Anillo que Sauron experimenta en *ESDLA*. Melkor, envidioso de la luz originada por los Dos Árboles de Valinor y de los Silmarils, destruye los árboles y roba las joyas. Y al igual que la Guerra del Anillo provocada por Sauron en *ESDLA*, el delito de Melkor en *El Silmarillion* desencadena un conflicto: en la Guerra de las Grandes Joyas, Melkor y los elfos luchan por la posesión de los poderosos objetos.

En vez de limitarse a utilizar a Melkor como inspiración para crear a Sauron, Tolkien integró

Transcurrieron sesenta años desde que Tolkien empezó *El Silmarillion* en 1917 y su primera publicación. El autor estaba demasiado ocupado tras el éxito de *ESDLA* para terminarlo a su satisfacción. Después de su muerte, la obra fue concluida por su hijo Christopher con la ayuda de Guy Gavriel Kay, quien desde entonces se ha convertido en un célebre escritor.

las similitudes entre ambos personajes como parte de la historia: Sauron es el ayudante de Melkor. Éste otorga a Sauron algunos de los poderes especiales que recibió a su vez de Ilúvatar. Esto explica por qué es tan difícil para otros personajes de *ESDLA*, como Gandalf, enfrentarse a Sauron directamente.

¿Dónde está Melkor?

La historia de Melkor termina en *El Silmarillion* cuando es expulsado del universo por Ilúvatar, que ya está harto de sus desmanes. Se trata de una decisión inteligente por parte de Ilúvatar,

En 1992, cuando Tolkien habría cumplido cien años, dos clubes de lectores (la Tolkien Society y la Mythopoeic Society) plantaron un par de árboles conmemorativos en un parque de Oxford.

pero plantea un interrogante: ¿por qué no hace lo mismo con Sauron?

La respuesta reside en las ideas de Tolkien sobre el bien y el mal. Melkor puede ser malo, pero fue creado por Dios, de modo que constituye una parte natural del universo. El fin de la historia de Melkor no puede significar el fin de la maldad en la Tierra. Tolkien creía que el bien y el mal están siempre presentes y siempre lo estarán. Es por eso que Ilúvatar permite que Sauron tenga un sitio en el mundo.

Véanse también:
Anillos
Lenguajes
Religión
Sauron

Es también por eso que Tolkien consideró algo natural basarse en las leyendas de *El Silmarillion* y estableció tantos paralelismos en *ESDLA*: la historia se repite. La lucha entre el bien y el mal no termina nunca.

¿Por qué el «frasco de Galadriel» de Frodo es tan poderoso?

Como la mayoría de héroes, Frodo recibe amuletos, es decir, herramientas mágicas que le ayudan en su viaje. Algunos tienen usos evidentes. Necesitará la espada *Aguijón*, que le dio Bilbo, si se topa con enemigos. También estará protegido por la cota de mithril, un metal duro y raro. Sin embargo, la importancia de un regalo de Galadriel —un pequeño frasco que contiene agua reluciente de su fuente mágica— no resulta evidente al principio. Aun así, puede que sea el amuleto más poderoso de todos. Su fascinante origen es un poema que obsesionó a Tolkien durante más de dos décadas, hasta que puso el frasco en manos de Frodo. Para entonces, el poema se había convertido en una parte importante de la historia de la Tierra Media.

Silmarillion, El

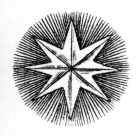

Como Galadriel explica a Frodo, el agua ence-
rrada en el frasco ha capturado la luz de una estrella especial. Esa estrella es en realidad uno de
los Silmarils, las joyas que encierran luz hechas
por los elfos. Está relacionada con la historia de
un hombre llamado Eärendil, que Bilbo cuenta
la noche antes de que el Concilio de Elrond se
reúna para trazar un plan para el Anillo. En
resumen, dice lo siguiente: Eärendil realiza un
peligroso viaje por mar para pedir a las fuerzas
que gobiernan la Tierra Media, los Valar, que
pongan fin a una prolongada guerra. La luz del
Silmaril le ayuda a encontrar el camino. Los Valar, impresionados por su fe y su valor, le conceden el deseo y luego lo inmortalizan situán-
dolo en el cielo con el Silmaril como una señal
de esperanza para los que se encuentran en la
tierra.

Al igual que la luz de Eärendil en el cielo, el
frasco de Galadriel confiere esperanza y valor.
Cuando las cosas se tuercen para Frodo y Sam
—como cuando se encuentran con un monstruo
hambriento que tiene muchos ojos—, resulta un
regalo muy útil.

La leyenda en que se inspira el frasco procede del primer relato que Tolkien escribió sobre
la Tierra Media, más de veinte años antes de escribir *ESDLA*. La idea se le ocurrió de repente,
al leer dos versos de un poema compuesto en inglés antiguo:

Eala Earendel engla beorhtast
Ofer middangeard monnum sended.

Que significan:

Salve Earendel, el más brillante de los ángeles,
enviado a los hombres sobre la media tierra.

«Sentí una curiosa excitación —dijo Tolkien más tarde—, como si saliendo de un sueño, algo se agitara en mí. Detrás de aquellas palabras había algo muy remoto, raro y hermoso, si podía asirlo, algo que estaba mucho más allá del antiguo inglés» (*J. R. R. Tolkien: una biografía*, H. Carpenter, p. 78).

El poema que inspiró a Tolkien, titulado *Crist,* se compuso probablemente en el siglo IX. Poco se sabe acerca de su autor anglosajón, Cynewulf.

EL HERALDO DE TOLKIEN

En el poema, la estrella anuncia el nacimiento de Jesucristo. Pero Tolkien creía que los versos provenían de una leyenda más antigua, contada mucho antes de que se oyera hablar de Jesús. Estaba resuelto a emplear sus conocimientos de etimología para averiguar ese significado «raro y hermoso». Sabiendo que «Earendel» se formó a partir de las palabras del inglés antiguo que significan «estrella» y «amanecer», llegó a la conclusión de que venía de una leyenda sobre una estrella radiante que todos los días anuncia el «nacimiento» del alba, apareciendo en el cielo antes que el sol. (Esa «estrella», como sabía Tolkien, es en realidad el planeta Venus.)

Con el tiempo, Tolkien se inspiró en esos dos versos para componer un poema propio acerca de la estrella y un marino cuyo barco surca los cielos. Como observa el biógrafo Humphrey Carpenter, esto «marcó el inicio de la mitología propia de Tolkien» (*J. R. R. Tolkien: una biografía,* H. Carpenter, p. 86).

Aunque Tolkien rehizo su leyenda muchas veces antes de vincularla a la misión de Frodo, jamás olvidó su origen. Las palabras que éste evoca automáticamente cuando utiliza el frasco —«*Aiya Eärendil Elenion Alcalima*»— son los términos en el lenguaje élfico inventado por Tolkien que equivalen a la frase que había leído décadas antes: «Salve Earendel, la más brillante de las estrellas.» Lo que había sido una estrella guía para el autor se convertía en la estrella guía de la Tierra Media.

Véanse también:
Galadriel
Tierras
  Imperecederas
Tolkien

¿En qué lugar del mundo se encuentra la Tierra Media?

Podemos dar una cosa por cierta: la Tierra Media no es un lugar imaginario, como Oz o Lilliput. No es un planeta del espacio exterior. Tampoco se halla en el centro de la Tierra.

La Tierra Media es Europa. El nombre proviene del término en inglés medio *Middel-erthe*, la denominación que los europeos daban a su territorio muchos siglos atrás.

Es cierto que los mapas y descripciones de Tolkien sobre la Tierra Media no sigue todas las características de la Europa moderna; por ejemplo, ni la silueta de Gran Bretaña ni la costa atlántica actual aparecen nítidamente en sus mapas. Como advierte en el prólogo de *ESDLA*, esas características no corresponden exactamente porque cambiaron con el tiempo. Aun así, no cabe ninguna duda sobre algunos lugares de origen. Hobbiton está situada —como era de esperar— cerca del hogar de Tolkien, en Oxford. Gondor está aproximadamente donde ahora se encuentra Italia, aunque podría extenderse hasta Turquía.

Tierra Media

Tolkien calculó que la aventura de Frodo en *ESDLA* tenía lugar hace unos 6.000 años, según nuestro calendario.

161

Si bien la localización de *ESDLA* parece vulgar, no te desilusiones. La geografía tiene una gran influencia en el argumento, pero de formas menos evidentes.

Tolkien creía que, en el transcurso de la historia, puntos cardinales distintos llegan a implicar cosas distintas. En Inglaterra, por ejemplo, el este llegó a vincularse con enemigos y peligro, debido a las invasiones de los escandinavos procedentes de ese punto. Tolkien hace coincidir el significado de los puntos cardinales de *ESDLA* con los significados de la historia y la leyenda de la Europa real.

La «Tierra Tenebrosa» de la Tierra Media, el imperio de Mordor de Sauron, se sitúa donde ahora se encuentra el mar Negro.

Sur. En el mundo antiguo real, viajar al sur desde Gran Bretaña llevaba hacia grandes imperios: Grecia, Roma y Bizancio. Lo mismo ocurre en *ESDLA*. Gondor, donde los hombres dominan un espléndido territorio, está al sur de Hobbiton y bastante cerca de esos lugares de la historia real. El sur es la dirección de la civilización, de las grandes naciones y las políticas complejas, como descubren los hobbits cuando llegan a Gondor.

Norte. Aquí no hay sorpresas: en las leyendas de la Europa septentrional, el gélido norte se asocia con la muerte. Es allí donde se encuentra Niflheim, una tierra de frío y noche perpetuos, adonde van las almas indignas después de morir. Como reza una frase de una saga islandesa: «El frío y todas las cosas terribles surgieron de Niflheim.» Este lugar es el origen de la «Región del

Frío Eterno» de *ESDLA*, patria del jefe de los Jinetes Negros.

Oeste. Para los europeos, el oeste es la dirección del misterio, porque el vasto océano Atlántico se interponía en el camino de la exploración. Abundaban las leyendas sobre tierras mágicas situadas al otro lado del mar y sobre sus habitantes. La leyenda del continente sepultado de la Atlántida, una importante inspiración para Tolkien, fue resultado de esta fascinación. Según algunos relatos, gente de aquellas tierras habían cruzado el océano para establecerse en Europa. Tolkien utilizó esa idea para explicar cómo determinados hombres llegaron a la Tierra Media y fundaron Gondor. Se basó también en esas leyendas al escribir sobre las Tierras Imperecederas, parte del hogar de los espíritus angélicos.

Este. Al principio de *ESDLA*, Gandalf dice a Frodo que emprenda su viaje dirigiéndose al este, «hacia el peligro» (*El Señor de los Anillos,* p. 80). Bilbo Bolsón también se dirigió al este en *El Hobbit,* hacia un bosque aterrador y las montañas donde habitan los orcos. Para los hobbits de la Tierra Media, como también para los europeos occidentales de la vida real, el este se convirtió en sinónimo de peligro porque es allí donde residían los enemigos y los ejércitos extranjeros. Naturalmente, también es allí donde se encuentra el reino de Sauron, Mordor.

Los cuatro puntos cardinales no significan lo mismo para los pueblos de los distintos rincones del mundo. En China, por ejemplo, los enemigos tendían a invadir desde el norte y el oeste. Es por ello que se construyó la Gran Muralla a lo largo de la frontera septentrional. Incluso en la Europa occidental, los significados tradicionales están cambiando. Los adelantos tecnológicos, como los aviones a reacción y los teléfonos móviles, hacen que las distancias en un mapa parezcan más cortas que en el tiempo de Tolkien. Las tierras remotas del otro lado del Atlántico han dejado de ser un misterio: no son más que América. Hoy en día se escuchan las mismas canciones en Moscú y París. Una invasión escandinava de Inglaterra suele coincidir con un partido de fútbol, y termina con el último vuelo de regreso.

Con todo, el territorio sigue determinando la historia y la cultura. No hay duda de que aparecerán nuevas leyendas. Aun cuando la próxima épica fantástica que leas abarque el planeta entero, y no sólo la vieja *Middel-erthe,* las direcciones no dejarán de aportar un cierto significado a la historia.

A todas las culturas les gusta creer que ocupan el centro del mundo. Así como los europeos llamaban su patria *Middel-erthe* («Tierra Media»), los chinos denominan su territorio *Chung-kuo,* que significa «Reino Medio».

¿Son las Tierras Imperecederas el Paraíso?

Comoquiera que Tolkien era un devoto católico y el cristianismo influyó en sus relatos, se podría pensar que todos los elementos importantes de esta religión tienen un sitio en su mitología. ¿Y qué puede ser más importante que la prometida vida eterna? Pero no hagas suposiciones sobre las Tierras Imperecederas, porque tienen un origen complejo.

El sol se pone en el Paraíso

Si bien en la época de *ESDLA* las Tierras Imperecederas están ocultas al mundo físico que los hombres pueden ver, antiguamente fueron el continente de Aman y la isla de Eressëa, muy al oeste de la Tierra Media, al otro lado de un vasto océano. Aman es la patria de los espíritus angélicos inmortales que dan forma al mundo y de algunos elfos. Y aunque los hombres no pueden encontrar las Tierras Imperecederas, siguen intentándolo. A menudo cuentan historias acerca de ellas.

Tolkien no situó las Tierras Imperecederas en el océano occidental por casualidad. Seguía tradiciones antiguas. En muchas culturas se creía que el sol poniente indicaba el camino hacia esos lugares especiales. Por ejemplo, los antiguos griegos veneraban Elysium, las Islas de los Benditos, situadas más allá de los confines del océano.

Algunas de esas tierras son lugares a las que sólo pueden ir los espíritus después de la muerte. Pero muchas, como las tierras encantadas de la mitología celta, que influyeron a Tolkien, son lugares a los que se va antes de morir. Y el viaje suele realizarse en barco. Se dice que las dos razas celtas legendarias que influyeron en las ideas de Tolkien sobre los elfos —los Tuatha de Danaan y los sidhe— abandonaron Irlanda rumbo a «Tir na nÓg», una isla encantada del oeste que se parece mucho al Reino Bienaventurado, donde residen los Valar y los elfos.

Incluso después de que las ideas cristianas sobre el Cielo se introdujeran en Gran Bretaña, las viejas ideas sobre tierras encantadas no desaparecieron del todo. Se mezclaron con el cristianismo en unos relatos llamados *imrama* («viajes» en gaélico), que combinan una travesía oceánica con una búsqueda del paraíso cristiano. El propio Tolkien compuso un poema titulado *Imram*, que vuelve a contar la historia de un abad irlandés del siglo VI que zarpa con el propósito de encontrar el Paraíso.

El poema de Tolkien *Imram* narra la historia de san Brendan el Navegante, de quien algunos dicen que fue el primer europeo que atravesó el Atlántico y llegó a las Américas.

Tolkien tuvo la idea de que las leyendas que oímos sobre esas tierras son ecos lejanos de las historias contadas por los hombres de la Tierra Media. Y hasta empleó un ingenioso juego lingüístico para vincular *ESDLA* a una determinada leyenda celta sobre el rey Arturo, que es llevado en barco a una tierra encantada, Avalon, después de resultar mortalmente herido. Tolkien dispuso de su lenguaje alto élfico de manera que uno de los nombres de las Tierras Imperecederas sea *Avallónë* («cerca de la patria de los Valar»). Quería hacernos creer que las leyendas del rey Arturo, que tienen lugar mucho después de *ESDLA*, tomaron el nombre «Avalon» de la historia verdadera que él había concebido.

Junto con la idea de los mundos eternos al otro lado del mar llegó la de trasladar a los muertos en barcos, como se hace con Boromir en *ESDLA*. Abajo, la hermanastra del rey Arturo, Elaine, flota sobre una barca funeraria.

Y, al igual que en la historia del rey Arturo, *Avallónë* no es el paraíso. Es un lugar encantado en el que las heridas se curan y el tiempo discurre despacio. Se vive entre los grandes elfos y hadas, como si uno viviera con los dioses. No es un final. Es un viaje a un lugar donde uno puede descansar tranquilamente hasta que llegue la muerte.

Véase también:
Elfos

¿Por qué Tolkien escribió acerca de una «Comunidad»?

Elrond Medio Elfo sabe bien qué se requiere para desafiar a los nueve Jinetes Negros que persiguen el Anillo: una banda de nueve compañeros de armas, la Comunidad del Anillo.

Imaginar una comunidad era algo normal para Tolkien, un apasionado de fundar clubes en la vida real. Por ejemplo, estaba el Viking Club, formado con otro profesor de anglosajón cuando ambos ejercían en la Universidad de Leeds. Incluía estudiantes y «se reunían allí para beber grandes cantidades de cerveza, leer sagas y entonar canciones humorísticas» (*J. R. R. Tolkien: una biografía*, H. Carpenter, p. 122). Cuando se trasladó a la Universidad de Oxford, fundó otro club de literatura nórdica (con menos cerveza y más lectura) llamado los Coalbiters, reservado a tutores. También formó parte de los Inklings. Este grupo existió durante unos veinte años e incluía a C. S. Lewis, que finalmente fue conver-

tido al cristianismo por Tolkien y escribió *El león, la bruja y el guardarropa* y los demás libros de Narnia. Pero es posible que el club más importante para Tolkien fuese el primero.

TÉ Y SIMPATÍA

En 1911, cuando Tolkien contaba once años de edad, estudiaba en la King Edward's School de Birmingham. Como es de esperar, pasaba mucho tiempo en la biblioteca de la escuela. Y era tradición en ese centro otorgar a un grupo de estudiantes de los cursos superiores el título de «bibliotecario». Naturalmente, Tolkien era uno de ellos.

Él y los demás chicos formaron una comunidad amistosa. Se hacían llamar el «Tea Club» y luego, por el hecho de que a veces tomaban el té en Barrow's Stores, la «Barrovian Society». Pronto se convirtió en la «T.C.B.S.» para abreviar. Sus miembros, todos ellos inteligentes y cultos, compartían sus aficiones personales con los demás. «La contribución de Tolkien —dice el biógrafo Humphrey Carpenter— reflejaba la amplia gama de sus lecturas en ese momento. Deleitaba a sus amigos recitando trozos de *Beowulf, Pearl* [otro poema anglosajón] y *Sir Gadwain and the Green Knight,* o narraba episodios espantosos de la *Völsungasaga* nórdica» (*J. R. R. Tolkien: una biografía,* H. Carpenter, p. 59). También les habló de su deseo de escribir

una obra épica de mitología, y ellos le animaron a hacerlo.

No hay modo de saber cuánto habría durado la T.C.B.S. si la Primera Guerra Mundial no se hubiera cruzado en su camino. En 1916, Tolkien fue embarcado junto con cientos de miles de soldados británicos hacia Francia. Dos de sus amigos de la T.C.B.S., Geoffrey Bache Smith y Rob Gilson, también se encontraban allí, en batallones distintos (el último miembro estaba en la Marina). En medio de la espantosa lucha —una asombrosa cantidad de hombres resultaron muertos o heridos—, Tolkien y sus amigos se mandaban mensajes siempre que podían. Hasta que llegó una nota con una terrible noticia: Rob Gilson había muerto.

El hijo de Tolkien, Christopher, recibió su nombre del compañero en la T.C.B.S. Christopher Wiseman, cuya amistad con Tolkien perduró hasta la muerte de éste.

Fue un golpe tremendo para Tolkien. Su otro amigo de la T.C.B.S. en Francia, G. B. Smith, trató de consolarlo. «La muerte puede hacernos repulsivos o impotentes como individuos —escribió Smith a Tolkien—, pero no puede poner fin a los cuatro inmortales» (*J. R. R. Tolkien: una biografía*, H. Carpenter, p. 102). Al poco tiempo, Smith también murió.

La comunidad había desaparecido. Ahora sólo quedaban Tolkien y otro compañero de la T.C.B.S.: el amigo que servía en la Marina, Christopher Wiseman. Éste mandó una nota a Tolkien, que se hallaba en Inglaterra recuperándose de una enfermedad que había contraído en las trincheras. «Deberías comenzar la epopeya», escribió Wiseman (*J. R. R. Tolkien: una biografía*, H. Carpenter, p. 106). Tolkien estuvo de acuerdo, espoleado por intensos sentimientos. Poco antes de morir, G. B. Smith le había escrito: «Si esta noche me voy por los imbornales [...] todavía quedarán miembros de la gran T.C.B.S. para anunciar lo que yo soñaba y en lo que todos concordábamos» (*J. R. R. Tolkien: una biografía,* H. Carpenter, p. 102). Tolkien no tardaría en componer las primeras leyendas que con el tiempo forjarían la historia de la Tierra Media y darían origen, décadas después, a otra gran comunidad.

Véase también:
Elfos

¿Tenía razón G. B. Smith al afirmar que la T.C.B.S. es inmortal? Eso parece.

¿Por qué hay tantas torres?

Pregunta de concurso: ¿Cuáles son las torres que se mencionan en el título del segundo volumen de *ESDLA*, *Las dos torres*? Si puedes responder con rapidez, eres más aventajado que Tolkien, quien pasó mucho tiempo sin saberlo.

ALTA Y PODEROSA

Las torres oscuras constituyen un elemento habitual en el paisaje literario, y con razón. Elevándose en las alturas para desafiar a la naturaleza, denotan poder y riqueza. Sugieren una vista ilimitada. Pueden ser prisiones. Estas ideas provienen de la vida real: las torres, como la Torre de Londres, eran a menudo residencias de reyes, lo que las convertía en escenario de intrigas palaciegas e incluso de asesinatos.

En la Tierra Media encontrarás más de media docena de torres. Algunas están llenas de orcos. Gandalf es encerrado en otra. Una es la residen-

Cuando se decidieron los títulos de los volúmenes de *ESDLA*, el editor de Tolkien en Allen & Unwin era Rayner Unwin. Éste había estado leyendo partes del libro desde que era un muchacho. Su padre, uno de los dueños de la editorial, le había pedido que leyera a Tolkien para ayudarle a decidir si debía publicar *El Hobbit*. El entusiasmo de Rayner determinó la decisión de su padre.

cia de los Jinetes Negros, y el ojo de Sauron vigila desde otra.

Tolkien era muy consciente de las emociones que este símbolo evoca. A menudo se refiere a las torres oscuras: en el prólogo de *ESDLA*, explica el carácter pacífico de los hobbits diciendo: «No construían torres»; más adelante, Frodo se entera de que la Torre Oscura de Sauron ha sido reedificada, y Gandalf asusta a Pippin explicando que Sauron quiere torturarlo en la Torre Oscura (*El Señor de los Anillos*, pp. 19, 57, 637). Éstos son sólo algunos de los muchos ejemplos.

¿Cuáles son «Las dos torres»?

De tanto hablar de torres, se podría pensar que Tolkien sabía qué torres tenía pensadas para el

título del segundo volumen de *ESDLA*. A fin de cuentas, él escribió la historia. Pero nunca tuvo la intención de publicar el relato en tres libros separados. Ésa fue una decisión de su editor, debido al coste de la impresión. También fue el editor quien sugirió «Las dos torres» como el título del segundo libro.

Tolkien admitió que sonaba bien, pero en realidad no tenía sentido. No sabía qué dos torres podían destacar como las más importantes. Durante meses trató de decidir a cuáles se referiría el título, para poder aclararlo en la historia y mostrarlas en la cubierta del libro. Ni siquiera sabía si el título debía aludir a las dos torres oscuras bajo el dominio de Sauron, o a una de las de Sauron y otra controlada por las fuerzas que le hacían frente. Llegó incluso a diseñar varias cubiertas que recogían las distintas posibilidades.

Finalmente decidió que tenía que referirse a dos torres oscuras, Orthanc y Cirith Ungol. Aun así, no estaba convencido del todo.

En el fondo, probablemente no tenía importancia.

La mera insinuación de torres suscita en la mente algo eterno y evocador, como debió de entender Tolkien cuando creó tantas.

¡Spoiler!

ADVERTENCIA:

El siguiente capítulo desvela hechos que aconte-
cen hacia el final de *El Señor de los Anillos.*
Si no quieres saber cómo termina la historia,

¡NO SIGAS LEYENDO!

¿Fracasa Frodo?

Y vivieron siempre felices. A menudo queremos que los cuentos terminen así. Bilbo afirma en varias ocasiones que confía en un desenlace semejante para su aventura. Probablemente es lo que tú esperabas de *ESDLA*, ¿verdad?

Pese a toda su formación en literatura antigua, Tolkien es un escritor muy moderno. Al final de la historia, cuando los lectores esperan que Frodo actúe como un héroe tradicional, Tolkien se resiste a seguir una trama anticuada.

En cambio, termina con un giro: Frodo no consigue arrojar el Anillo en la Grieta del Destino. Y es un «fracaso», en palabras del propio Tolkien: un fracaso tanto de fuerza como de voluntad (*Cartas de J. R. R. Tolkien*, selección de H. Carpenter con la colaboración de C. Tolkien, p. 382). Frodo ha perdido la batalla contra el poder del Anillo. Es toda una sorpresa para la mayoría de lectores. Los héroes tradicionales poseen una energía extraordinaria. Hacen todo lo

Spoiler

Los primeros lectores de *ESDLA* tuvieron que aguardar mucho tiempo para saber cómo termina la historia. Revisiones, mapas y notas retrasaron la publicación del último volumen hasta un año después de que aparecieran los dos primeros.

necesario para vencer las fuerzas a las que se enfrentan.

Frodo no lo hace.

Tolkien sabía que para entonces los lectores se habrían identificado con Frodo y querrían pensar que serían dignos de una misión tan difícil. Pero eso le traía sin cuidado. Estaba decidido a que Frodo no pusiera colofón a su misión con un acto de heroísmo típico. Creía que valía la pena correr el riesgo de defraudar a sus lectores para ofrecer un mensaje mucho más importante que cualquier emoción.

Como apunta Elizabeth Scarborough, experta en Tolkien: «Al principio de la historia, Frodo es vulnerable. No quiere ser especial, y mucho menos un héroe. Se resiste a dejar Hobbiton, como si el problema del Anillo pudiera resolverse solo. Hacia el final es más fuerte, pero sin llegar a ser un héroe de leyenda como Aragorn, que dedica toda su vida a afrontar y vencer el mal. Aragorn es duro, hasta límites alarmantes. Aunque admiramos a Aragorn, somos mucho más parecidos a Frodo. A menudo el mal nos abruma y nos desconcierta. Así pues, debemos confiar en nuestros amigos más leales para que nos ayuden.»

Se requiere toda la Comunidad —incluidos los cómicos hobbits Merry y Pippin— para derrotar a Sauron. El bien triunfa sobre el mal, pero no porque un héroe solitario venza a un enemigo.

¿EL VELEIDOSO DESIGNIO DEL DESTINO?

Hay quien se pregunta si la última acción de Frodo está determinada por el destino. Es cierto que gran parte de *ESDLA* parece dirigido por una fuerza superior. Como Gandalf dice a Frodo, «Bilbo estaba destinado a encontrar el Anillo, y no por voluntad del hacedor. En tal caso, tú también estarías destinado a tenerlo» (*El Señor de los Anillos*, p. 69). Más tarde, los miembros de la Comunidad se reúnen en Rivendel aunque Elrond no los convocó: otra extraña coincidencia. Durante el concilio, Elrond parecía saber que Frodo se ofrecería para llevar el Anillo. Una y otra vez, da la impresión de que la historia es dirigida por una mano invisible.

Pero Tolkien no creía que el desenlace estuviera determinado por el destino. Desde su punto de vista, Ilúvatar, Dios de la Tierra Media, no hace más que juntar rápidamente los elementos para ver qué ocurre, para poner a prueba a Frodo y los demás. Son ellos los que deben tomar las decisiones. Y, en el caso de Frodo, la prueba consiste en demostrar su capacidad de ser clemente con Gollum. En cualquier momento del relato, Frodo podría perder su compasión por Gollum, como hace Sam. A fin de cuentas, Gollum podría matarlos fácilmente a los dos.

Ése es uno de los grandes mensajes contenidos en *ESDLA*. La fuerza que generalmente vemos en un héroe no es tan importante como otras características. Pese a volverse más duro de lo que era al principio de la historia, al final, Frodo

Tolkien pensó en una continuación de *ESDLA*, titulada *La nueva sombra*, ambientada un siglo después. Tras vencer al mal, los habitantes de Gondor se hartarían de tanta bondad, y surgirían cultos para adorar a fuerzas oscuras, todo lo cual desembocaría en una revolución de palacio. Pero renunció a la idea. No trataba de la lucha contra un gran mal, sino sólo contra la malvada naturaleza humana.

todavía conserva sus virtudes de hobbit humilde. Sus cualidades más dulces salvan la Tierra Media. Tal como predijo Gandalf, la clemencia de Frodo hacia Gollum le hace lo bastante heroico como para vencer a Sauron. En este sentido, creía Tolkien, Frodo no fracasó en absoluto. Cuando Gollum resbala en el borde del Monte del Destino y el Anillo recorre por fin la última etapa del largo viaje, Frodo triunfa magníficamente.

Así como Tolkien eligió el 25 de diciembre —Navidad— para el inicio del viaje de Frodo, escogió otra fecha señalada para la destrucción del Anillo. Sauron es derrotado el 25 de marzo, que antaño marcaba lo que ahora llamamos «Viernes Santo».

Agradecimientos

Quisiera dar las gracias al personal de Berkley Books y Puffin Books por su apoyo, que ha superado todas las expectativas. En Berkley Books, junto con mi editora Kim Waltemyer: Leslie Gelbman, Scott Mandel, Liz Perl, Sally Franklin y Lara Robbins. En Puffin Books, junto con mi editora Amanda Li: Clare Hulton, Francesca Dow, Elaine McQuade, Julie Howson, Sholto Brown y Leah Thaxton. Muchos de sus compañeros apoyaron también este libro de forma directa y muy notable. Gracias a todos ellos.

Elizabeth Scarborough, mi experta guía en Tolkien, leyó un borrador tras otro. Sin su ayuda, habría estado perdido.

Como siempre, estoy agradecido a Sophie Gorell Barnes, Diana Tyler y sus colegas de MBA Literary Agents en Londres; y a Michele Rubin, Maja Nikolic y Siobhán Hayes, de Writers House en Nueva York.

Muchas gracias al artista Jean Pierre Target y a la diseñadora Judith Morello por su hermosa cubierta.

Quisiera expresar mi gratitud a Allan Comp, Selma Thomas, Véronique de la Bruyère y John Warner por su amabilidad, y a Stacy Schiff por su esencial consejo cotidiano.

Me gustaría dar gracias a Taha MacPherson y la Embajada de Nueva Zelanda por su hospitalidad durante el estreno de *La Comunidad del Anillo* en Washington, D.C.

También quisiera agradecer a Gil Crawford por compartir lo que *El Señor de los Anillos* significa para él. Hizo que este libro signifique más para mí.

A mis padres: ¿qué puedo decirles?

Finalmente, por su aliento y amistad inagotables, deseo dar las gracias a Arif Lalani y a la singular Katie Kerr.

Bibliografía

Al igual que en la historia, muchos de los estudios sobre Tolkien podrían fecharse como «a. C.»; pero en este caso significaría «antes de Carpenter», aludiendo a Humphrey Carpenter, autor de *J. R. R. Tolkien: una biografía* (1990; 1977 en la edición original en inglés) y editor de *Cartas de J. R. R. Tolkien* (2002; 1981 en la edición original en inglés). Antes de la publicación de estos libros, algunas almas valientes hicieron todo lo posible produciendo a menudo excelentes obras con un acceso limitado a los propios pensamientos de Tolkien sobre la Tierra Media. Desde entonces, casi todos los trabajos loables sobre el escritor, tanto de divulgación como de investigación, han acudido a los libros de Carpenter como fuentes esenciales. Este volumen no es una excepción. Si estás interesado en saber más sobre Tolkien, te recomiendo fervientemente que leas por lo menos la biografía. Posee el aliciente añadido de estar muy bien escrita. Además, merece la pena apuntar que el valor de las *Cartas* proviene en gran parte de lectores como tú, que se atrevieron a escribir a Tolkien para formularle preguntas. Si en este libro no hallas respuesta a alguna cuestión que te interese, es posible que la encuentres en las *Cartas.*

Las referencias a estas obras (así como a algunas otras) figuran junto a las citas. Además, ambos volúmenes aportaron una valiosa información biográfica que se contiene en este libro.

Aparte de ellos, son dignos de mencionar otros trabajos sobre temas específicos. Una práctica obra de consulta por orden alfabético es *Guía completa de la Tierra Media,* de Robert Foster; para saber más sobre los lenguajes y alfabetos inventados por Tolkien, *The Languages of Tolkien's Middle-earth,* de Ruth S. Noel, y una amena guía sobre leyendas es *Mythical and Fabulous Creatures: a Source Book and Research Guide,* de Malcolm South. Las referencias bibliográficas de estos textos se detallan a continuación.

Obras de J. R. R. Tolkien

The Hobbit (G. Allen & Unwin Ltd, Londres, 1937). [Versión en castellano consultada para este libro, *El Hobbit,* Minotauro, Barcelona, 2002.]

The Lord of the Rings (G. Allen & Unwin Ltd, Londres, 1954-1955). [Versión en castellano en un solo volumen, consultada para este libro: *El Señor de los Anillos,* Minotauro, Barcelona, 1993.]

The Silmarillion (G. Allen & Unwin Ltd, Londres, 1977; Houghton Mifflin, Boston, 1977). [Versión en castellano: *El Silmarillion,* Minotauro, Barcelona, 1998.]

The Letters of J. R. R. Tolkien, selección y edición de Humphrey Carpenter con la colaboración de Christopher Tolkien (Allen & Unwin, Londres, 1981; Houghton Mifflin, Boston, 1981). [Versión en castellano consultada para este libro: *Cartas de J. R. R. Tolkien,* Minotauro, Barcelona, 1993.]

«Guide to the Names in *The Lord of the Rings*», reeditado en

A Tolkien Compass, de Jared Lobdell, que se detalla más adelante. (Esta obra es una guía escrita por J. R. R. Tolkien y revisada por Christopher Tolkien para ayudar a los traductores de *ESDLA.*)

La información completa sobre el copyright de las obras de Tolkien figura después del índice de este libro.

OBRAS SOBRE TOLKIEN

CARPENTER, Humphrey: *Tolkien: a Biography,* G. Allen & Unwin, Londres, 1977; Houghton Mifflin, Boston, 1977. [Versión en castellano consultada para este libro: *J. R. R. Tolkien: una biografía,* Minotauro-Planeta Agostini, Barcelona, 1990.]

CARPENTER, Humphrey: *The Inklings: C. S. Lewis, J. R. R. Tolkien, Charles Williams and Their Friends,* Allen and Unwin, Londres, 1978; Houghton Mifflin, Boston, 1979.

CHRISTENSEN, Bonniejean: «Character Transformation in *The Hobbit*» (artículo en Lobdell, véase más abajo).

CARTER, Lin: *Tolkien: A Look Behind* The Lord of the Rings, Ballantine, Nueva York, 1969.

DURIEZ, Colin: *Tolkien and* The Lord of the Rings: *A Guide to Middle-earth,* Hidden Spring/Paulist Press, Mahwah (NJ), 2001. [Versión en castellano: *Tolkien y el Señor de los Anillos: la guía básica para descubrir su obra,* Hispano Europea, Barcelona, 2002.]

FONSTAD, Karen Wynn: *The Atlas of Middle-earth,* ed. rev., Houghton Mifflin, Boston, 1991. [Versión en castellano: *Tolkien, atlas de la Tierra Media,* Timun Mas, Barcelona, 1993.]

FOSTER, Robert: *The Complete Guide to Middle-earth,* ed. rev., Ballantine, Nueva York, 1979. [Versión en castellano:

Guía completa de la Tierra Media, Minotauro-Planeta Agostini, Barcelona, 2002.]

GROTTA, Daniel: *J. R. R. Tolkien: Architects of Middle-earth: a Biography,* Running Press, Filadelfia, 1976. [Versión en castellano: *J. R. R. Tolkien: el arquitecto de la Tierra Media,* Andrés Bello de España, Barcelona, 2002.]

HELMS, Randel: *Tolkien's World,* Houghton Mifflin, Boston, 1974.

KOCHER, Paul H.: *Master of Middle-earth: the Fiction of J. R. R. Tolkien,* Houghton Mifflin, Boston, 1972.

LOBDELL, Jared (ed.): *A Tolkien Compass: including J. R. R. Tolkien's Guide to the Names in* The Lord of the Rings, Open Court, La Salle (Ill.), 1975.

NITZSCHE, Jane Chance: *Tolkien's Art: a Mythology for England,* Macmillan, Londres, 1979.

NOEL, Ruth S.: *The Languages of Tolkien's Middle-earth,* Houghton Mifflin, Boston, 1980.

NOEL, Ruth S.: *The Mythology of Middle-earth,* Houghton Mifflin, Boston, 1977.

SHIPPEY, T. A.: *The Road to Middle-earth,* Allen & Unwin, Londres, 1982; Houghton Mifflin, Boston, 1983. [Versión en castellano: *El camino a la Tierra Media,* Minotauro-Planeta Agostini, Barcelona, 2002.]

STANTON, Michael N.: *Hobbits, Elves and Wizards,* Palgrave/ St. Martin's Press, Nueva York, 2001.

TYLER, J. E. A.: *The New Tolkien Companion,* reproducción en facsímil de la edición de 1976, Gramercy, Nueva York, 2000.

BIBLIOGRAFÍA GENERAL

ALEXANDER, Michael (trad.): *Beowulf: a Verse Translation,* Penguin, Londres, 1973. [Versión en castellano: *Beowulf y otros poemas épicos antiguos germánicos,* Seix Barral, Barcelona, 1974.]

BELLOWS, Henry Adams (trad.): *The Poetic Edda,* Princeton University Press, Princeton, 1936. [Versión en castellano: *Edda mayor,* Alianza, Madrid, 1986.]

BORGES, Jorge Luis, y Margarita GUERRERO: *The Book of Imaginary Beings,* Dutton, Nueva York, 1969. [Versión en castellano: *El libro de los seres imaginarios,* Alianza Editorial, Madrid, 1998.]

BRANSTON, Brian: *The Lost Gods of England,* Oxford University Press, Nueva York, 1974.

CAMPBELL, Joseph: *The Hero with a Tousand Faces,* Princeton University Press, Princeton, 1968.

CLUTE, John, y John GRANT: *The Encyclopedia of Fantasy,* St. Martin's, Nueva York, 1999.

GROHSKOPF, Bernice: *Life and Literature in Anglo-Saxon England,* Atheneum, Nueva York, 1968.

KEIGHTLEY, Thomas: *The Fairy Mythology,* G. Bell, Londres, 1878. (Véase en *www.celticatlanta.com/invisibleworld/fairy_mythology*)

LANG, Andrew: *The Red Fairy Book,* Longmans, Green, Londres, 1980. [Versión en castellano: *El libro rojo de los cuentos de hadas,* Neo Person, Móstoles (Madrid), 2002.]

LÖNNROT, Elias: *The Kalevala,* traducido por John M. Crawford, J. B. Alden, Nueva York, 1888. [Versión en castellano: *El Kalevala,* Alianza Editorial, Madrid, 1992.]

NIGG, Joseph: *The Book of Fabulous Beasts: a Treasury of Writings From Ancient Times to the Present,* Oxford University Press, Nueva York, 1999.

ROSE, Carol: *Giants, Monsters and Dragons: an Encyclopedia of Folklore, Legend and Myth,* ABC-CLIO, Santa Barbara, California, 2000.

Rose, Carol: *Spirits, Fairies, Leprechauns and Goblins: an Encyclopedia,* Norton, Nueva York, 1998.

South, Malcolm: *Mythical and Fabulous Creatures: a Source Book and Research Guide,* Greenwood, Nueva York, 1987.

Sturluson, Snorri: *Prose Edda,* traducido por Arthur Gilchrist Brodeur, American-Scandinavian Foundation, Nueva York, 1916. [Versión en castellano: *Edda Menor,* Alianza Editorial, Madrid, 2000.]

Wimberly, Lowry C.: *Folklore in the English and Scottish Ballads,* Frederick Ungar, Nueva York, 1959.

Recursos de especial interés en internet

Web oficial *(www.tolkien.co.uk)*
Este sitio, mantenido por los editores de Tolkien en el Reino Unido, brinda información sobre varias ediciones e interesantes muestras de ilustraciones, además de respuestas a muchas preguntas.

The Encyclopedia of Arda *(www.glyphweb.com/arda)*
Este sitio ofrece una excelente guía sobre los detalles del mundo de Tolkien: quién es quién, dónde está qué, qué es qué. Una referencia estupenda.

The Tolkien Society *(www.tolkiensociety.org)* **The Mythopoeic Society** *(www.mythsoc.org)*
Estos dos grupos sobre Tolkien son algo más que simples clubs de fans. Si deseas hablar sobre Tolkien con otros buenos lectores, o indagar en los detalles literarios de la obra del autor, estas organizaciones te interesarán. Su versión española: **Sociedad Tolkien española** *(www.sociedadtolkien. org)*

OneRing.Net *(www.theonering.net)* **One Ring** *(www.*

onering.virbius.com.index.php) **Tolkien Online** *(www. tolkienonline.com)*

Estos sitios genéricos, que ofrecen noticias y enlaces útiles, son buenos puntos de partida para los nuevos admiradores de Tolkien o para los aficionados serios que desean conocer las últimas noticias sobre películas o nuevas publicaciones.

The Elvish Linguistic Fellowship *(www.elvish.org)* **Ardalambion** *(www.uib.no/People/hnohf)*

Estos sitios son esenciales para quien se interese por los lenguajes de Tolkien. The Elvish Linguistic Fellowship es un buen lugar para encontrar otras personas que comparten tu interés. Ardalambion es un estupendo logro de Helge Kåre Fauskanger.

Notas

Acertijos

«Vi cuatro hermosas criaturas», adaptado de *The Exeter Riddle Book*, de Kevin Crossley-Holland (Penguin, Londres, 1993). En la misma fuente se puede encontrar información de interés sobre acertijos antiguos.

Arañas

«Llenos de pecado»: «La fortaleza inexpugnable», de lord Dunsany (Edward John Moreton Drax Plunkett). [Versión en castellano: *Cuentos de un soñador*, Alianza, Madrid, 1987.]

Beowulf

«Décima parte»: Para conocer datos sobre la historia del manuscrito de *Beowulf*, la introducción a la traducción de Michael Alexander de 1973 (Penguin) resulta útil.

«Castillo Dorado»: *The Road to Middle-earth*, Shippey, p. 96 (y otras). Una minuciosa comparación de la canción que Aragorn canta con el poema anglosajón *The Wanderer* (el Montaraz) revela numerosas relaciones temáticas con el «montaraz» de *ESDLA*. Y cualquier motivo para leer *The Wanderer* es bueno.

Bolsón, Frodo

«Bolsón»: Shippey, *The Road to Middle-earth*, p. 56.

«Cuevas»: Aunque hacerlo en este libro habría revelado demasiados detalles sobre el desenlace de *ESDLA*, la mayor parte de la búsqueda de Frodo puede compararse con el «viaje del héroe» esbozado por Joseph Campbell en *The Hero with a Thousand Faces*.

Jinetes de la Marca: El caballo de la ladera de la montaña se encuentra en Uffington. Algunos estudiosos afirman que se remonta a miles de años atrás.

Elfos

Una exposición detallada sobre las leyendas de hadas y numerosas sugerencias de lecturas complementarias se pueden encontrar en *Mythical and Fabulous Creatures: a Source Book and Research Guide,* de Malcolm South, citado en la bibliografía de este libro.

Cita de *The Faerie Queen,* de Spenser, editada por el autor.

Enanos

«Feos, narigudos»; «adoraban la luz»: Thomas Bulfinch, *The Age of Fable* (1913).

«Los enanos tienen a veces»: *Teutonic Mythology,* de Jacob Grimm, traducido por James Steven Stallybrass (G. Bell, Londres, 1882).

Espadas

«El rey Volsung construyó» y «envuelto en una capa azul»: *The Story of the Volsungs,* traducido por William Morris y Eirikr Magnusson (Walter Scott Press, Londres, 1888).

GALADRIEL

«El principal poder espiritual de Grecia»: John Warrington en *Everyman's Classical Dictionary* (Dent, Londres, 1961).

GOLLUM

«Consiguió poner fin a la maldición»: *El libro rojo de los cuentos de hadas,* de Andrew Lang. El texto de muchas de las recopilaciones de cuentos de hadas a cargo de Andrew Lang se pueden encontrar en Internet, para aquellos lectores interesados en descubrir qué inspiró al joven Tolkien.

«Nuevo Gollum»: Este artículo está basado en las ideas encontradas en el artículo de Bonniejean Christensen «Character Transformation in *The Hobbit*», en *A Tolkien Compass* de Jared Lobdell (Open Court, La Salle, Ill., 1975). Para quien esté interesado en indagar más sobre esta cuestión, el artículo de Christensen hace abundantes referencias a la versión antigua y nueva de *El Hobbit*. Sus conclusiones se utilizan en este libro con su permiso.

«En el fondo, Gollum te parte el corazón»: citado en el *New York Post,* 20 de febrero de 2002.

GONDOR

Descripción de la Atlántida de Platón en *The Apology of Socrates; and the Crito,* traducido por Benjamin Jowett (Scribners, Nueva York, 1864). Editada por el autor.

LENGUAJES

Antecedentes del *Kalevala* sacados del comentario de Francis Peabody Magoun Jr. que acompaña su traducción de 1963, *The Kalevala,* recopilado por Elias Lönnrot y traducido por Francis Peabody Magoun Jr. (Harvard University Press, Cambridge, MA, 1963).

Elias Lönnrot dibujado por A. W. Linsén. De Magoun.

Citas del *Kalevala* sacadas de la traducción de 1888 de John Martin Crawford.

«Por lo menos catorce»: *The Languages of Tolkien's Middle-earth,* de Ruth S. Noel (Houghton Mifflin, Boston, 1980), p. 6.

Recuento de Helge Kåre Fauskanger en su web dedicada a la lingüística de Tolkien, *Ardalambion (www.uib.noPeople/hnohf).*

NOMBRES

«Froda fue coronado rey»: *The Prose Edda,* de Snorri Sturluson, traducido por Arthur Gilchrist Brodeur (The American-Scandinavian Foundation, Nueva York, 1916). Editada por el autor.

«Grieta del Destino»: *The Mythology of Middle-earth,* de Ruth S. Noel (Houghton Mifflin, Boston, 1977). Tolkien también se refiere a esto en sus cartas y notas para traductores. Como se ha mencionado anteriormente, el mejor recurso para indagar sobre los nombres tolkienianos es *J. R. R. Tolkien's Guide to the Names in* The Lord of the Rings, escrito por el propio Tolkien para sus traductores y publicado (previa revisión de Christopher Tolkien) en *A Tolkien Compass,* de Jared Lobdell (Open Court, La Salle, Ill., 1975). No obstante, para los que se interesan ahora por el tema, las mejores conclusiones han reaparecido en fuentes más fáciles de conseguir.

ORCOS

Orca: *Age of Fable: Legends of Charlemagne,* de Thomas Bulfinch, 1913.

The Princess and the Goblin, de George Macdonald (Strahan, Londres, 1872).

SAURON

«Punto por punto»: *Tolkien's World,* de Randel Helms
(Houghton Mifflin, Boston, 1974), p. 68.

TIERRA MEDIA

«El frío y todas las cosas terribles»: *The Story of the Volsungs,*
traducido por William Morris y Eirikr Magnusson (Walter Scott Press, Londres, 1888).

TORRES

La obra clásica sobre torres es un poema de Robert Burns,
«Childe Roland to the Dark Tower Came» (1855). No
obstante, como John Clute y John Grant señalan en su excelente obra de consulta *The Encyclopedia of Fantasy,* el
género sigue vivo en la actualidad, con modernos rascacielos irguiéndose a modo de torres medievales, como en *So
You Want to Be a Wizard?,* de Diane Duane.

«¡SPOILER!»

Elizabeth Scarborough citó de correspondencia privada.

Todas las ilustraciones corresponden a la Dover Clip Art Collection o *www.ArtToday.com,* excepto la de la página 114
(véase *Notas:* Lenguajes).

Índice onomástico

Atlántico, océano 100, 164, 166
Atlántida 100-101, 163
Auden, W. H. 38
Avalon 167
Avallónë 167-168

Babbitt 111
Bahía de Balar 144
Balar 144
Balrog 50, 89
Bárbol 66
Baya de Oro 107
Beorn 36, 111
Beowulf 17, 33-38, 42, 50, 118, 133, 137, 170
Beren 153
Biblia 49, 79-80, 100, 134, 148
Birmingham (Inglaterra) 68, 135, 170
Bizancio 162
Bolger-Baggins, Bingo 132-133
Bolsón Cerrado 134
Bolsón, Bilbo, acertijos 15, 17; *Aguijón* 39; como «conejo» 111; dirigiéndose al este 163; edad de 55; no protagonista de *ESDLA* 39-42; nombre de 134; viajes subterráneos de 47; y arañas 29; y *Beowulf* 37; y el Anillo 19-21, 27; y Eärendil 158; y *El Silmarillion* 151; y finales felices 179; y Gollum 92, 95-98
Bomba atómica 105-106
Bombadil, Tom 107-108
Boromir 102, 107, 167
Bosques 63, 66, 131

Bradamante 42
Branstock 71
Bretones 52
Británicos 35
Brunilda 74

Cámara Secreta 49
Campbell, Joseph 50
Carlomagno 41, 44, 69, 72, 129, 137
Carpenter, Humphrey 21, 26-27, 31, 35, 38, 45, 54, 56, 66, 68, 88, 106-108, 111, 114, 122, 127, 128, 141, 148, 159, 160, 169-171, 179, 185
Cartas de J. R. R. Tolkien 26, 27, 35, 45, 54, 56, 66, 88, 106-108, 114, 128, 141, 148, 179, 185-186
Castellano 120
Castillo Dorado 36-37
Catolicismo 57, 78, 141, 165
Celeborn 78
Celtas 35, 52, 118, 124, 144, 166-167
Cerbero 48
Ceres 77
César Augusto 133
Cíclopes 48, 144
Cid Campeador, el 72
Cirith Ungol 175
Cirth 123
Comarca 46, 67-68, 87, 111
Comunidad del Anillo, La (película) 9, 19, 79, 96-97
Comunidad del Anillo, la 61, 105, 169-172

Índice